丛书编委会

大家精要
典藏版丛书

简读

毕达哥拉斯

李 斯 著

陕西师范大学出版总社 西安

图书代号　SK24N1822

图书在版编目(CIP)数据

简读毕达哥拉斯 / 李斯著 . — 西安：陕西师范大学出版总社有限公司，2025.1
　（大家精要：典藏版 / 郭齐勇，周晓亮主编）
　ISBN 978-7-5695-4175-5

　Ⅰ . ①简… 　Ⅱ . ①李… 　Ⅲ . ①毕达哥拉斯（Pythagoras 约前 580- 约前 500）—人物研究 　Ⅳ .
① B502.14

中国国家版本馆 CIP 数据核字（2024）第 028287 号

简读毕达哥拉斯
JIAN DU BIDAGELASI

李　斯　著

出 版 人	刘东风
策划编辑	刘　定　陈柳冬雪
责任编辑	陈柳冬雪
责任校对	郑若萍
封面设计	龚心宇　张潇伊
出版发行	陕西师范大学出版总社
	（西安市长安南路 199 号　邮编 710062）
网　　址	http://www.snupg.com
印　　刷	深圳市福圣印刷有限公司
开　　本	889 mm×1194 mm　1/32
印　　张	7
插　　页	4
字　　数	129 千
版　　次	2025 年 1 月第 1 版
印　　次	2025 年 1 月第 1 次印刷
书　　号	ISBN 978-7-5695-4175-5
定　　价	49.00 元

读者购书、书店添货或发现印装质量问题，请与本公司营销部联系、调换。
电话：（029）85307864　85303629　　传真：（029）85303879

目 录

1

第 1 章

毕达哥拉斯及其学派

在爱琴海的东南端，毗邻米利都、与小亚细亚隔海相望的地方，坐落着美丽富饶的萨摩斯海岛。无论远在公元前 6 世纪，还是在今天，但凡目睹过其旖旎风光的人，无不为这座海岛动人魂魄的自然美景而叹服。

萨摩斯岛总共不到五百平方公里，是希腊第九大岛屿，属典型的地中海气候，欧洲阳光最充足的地方之一。这里盛产葡萄、橄榄和其他各色水果，蓝天白云之下，漫山遍野的葡萄园连通古今，宛若伊甸园的人间翻版。安纳托利亚海岸白浪滔天，诉说着岛上数千年来绵绵不绝的传奇故事和撼动世界的英雄及天才的丰功伟绩。海岛西端，克尔克托斯峰俯瞰着葡萄园及郁郁葱葱的林木，赫拉神庙巍峨庄严，自公元前 6 世纪以来一直守护着这个曾经以航海贸易和爱奥尼亚文化中心而闻名西方世界的美丽岛屿。

萨摩斯岛上最早的居民种族不详。已知新石器时代早期，南端的蒂加尼附近已有居民，爱奥尼亚人于公元前 11 世纪到达该岛，至公元前 7 世纪时，这里已经成为希腊主要的商业中心之一，与昔兰尼、科林斯和哈尔基斯甚至埃及及黑海海岸国家皆有贸易往来。最繁盛的时期，萨摩斯曾在埃及和西班牙等地建立有自己的殖民地。历史上，萨摩斯岛也先后为波斯、雅典、拜占庭、土耳其所统治。

约公元前 570 年，毕达哥拉斯诞生在萨摩斯岛上。

毕达哥拉斯"述而不作"，苏格拉底也是如此，但柏拉图和色诺芬尼却记录了苏格拉底的重要言行，正如孔子的弟子将孔圣人的行迹一一记录在案。毕达哥拉斯领导的那个宗教学派属于半秘密社团，成员不得随意公布社团研究成果，因此，现今已经没有任何关于他本人的确切资料留存下来，也没有同时代人对他的叙述或详尽可靠的历史资料存世。关于他的身世及思想的文字资料，离他生活的年代最近的也隔了近两百年，可以说，他是一位似有若无、介于传奇和历史之间的人物。在西方，从公元前 1 世纪开始，一种从非历史角度大量描述毕达哥拉斯及其门徒的伪托写作风尚流行起来，毕达哥拉斯很快成为半人半神的传奇人物，经过一番神化以后，希腊哲学传统中的一切，包括柏拉图和亚里士多德成熟思想的大部分，全都归入毕达哥拉斯的启迪之功。真实的、有历史资料佐证的毕达哥拉斯何所思、何所为，便成为所谓的毕达哥拉斯问题。

关于毕达哥拉斯及其学派的主要资料来源，或者是亚里士多德之前的史料，或者是亚里士多德本人及其弟子的著述，有三个主要的，为杨布利柯（Lamblichus）、波尔菲里（Porphyry）和第欧根尼·拉尔修（Diogenes Laertius）分别所撰之生平故事或传记。可惜，这些人所借重的并非一手资料，而是根据前人的传言或柏拉图等哲学家的转述，这些传言有不实成分，而转述也带有转述者自己的目的，因而存在以偏概全，甚至有意扭曲的可能，正所谓"曾见郭象注庄子，却是庄子注郭象"。可以想见，为恢复真实的毕达哥拉斯面貌，去除蒙蔽在他和他所创立的那个学派头上的迷雾，较为可靠的办法是寻找尽量早期的历史证据，避开后世有意美化或扭曲夸张之举。

当今之世，毕达哥拉斯是以一位数学大师和宇宙学家为世人所知的，最主要的原因是以他的名字命名的"毕达哥拉斯定理"，而这个定理是全世界所有学校讲述数学时必定会提到的。然而，早期证据显示，在他生活的公元前 6 世纪，以及在一百五十年后柏拉图和亚里士多德的时代，毕达哥拉斯出名却是因以下四点：一、一位研究人死之后灵魂去向问题的专家，因为他认为，灵魂不死，且会经历多次转世；二、宗教礼仪方面的专家；三、一位行神迹者，他有一条金腿，且可同时出现在两个不同地方（分身术）；四、一种严谨生活之道的创立者，强调禁食、宗教仪式及严格自律。

前苏格拉底时代的哲学家及科学家们建立起一个理性宇宙观，毕达哥拉斯是否为其中一员尚存争论，但是，有理由相信，毕达哥拉斯基于道德原则和数学关系而提出过一套和谐宇宙观——行星在这个宇宙里起着代理神圣正义的作用，人死之后可奔赴太阳及月亮；天行有常，符合严格的数学比例，就像乐器发出和音的音程，也就像几大行星在天上发出的"天体之乐"。西方后世的哲学家及科学家，尤其是在天体观测及宇宙发生学上的建树，无不与毕达哥拉斯及其学派成员的努力相关。事实上，罗素等现代哲学史家都认为，包括哲学、科学与宗教在内的西方智慧的源泉，无不打上了毕达哥拉斯的烙印。有一种极端理论认为，一直到爱因斯坦的很多科学家，皆可称为毕达哥拉斯学派的成员。我们稍后会看到这个过程及其说明。

半人半神、似有若无的毕达哥拉斯

关于毕达哥拉斯的诞生与早年生活，历来存在众多争议，但较少争议的是，他的确出生在萨摩斯岛。今天的萨摩斯岛，在突入爱琴海的狭窄海港上，矗立着一尊巨型直角三角形铸铁雕塑，仿佛从天而降。三角形斜边的一端穿过白色大理石基座嵌入大地，斜边另一端靠近黄金分割线的地方，横斜着仿佛十字架横杆的另一条边，这根下垂的横杆与地面垂直，大约在这条边的黄金分割线段上终止，隔开一段神秘的空间，与立在白色大理石之上的另一块黑色大理石上细长、瘦削、伸手向天的人像手臂隔空相接，构成直角三角形与十字架双重的象征。这个人像，无疑就是毕达哥拉斯。

理性与信仰、真理与谬误、实体与幻想、黑与白、蓝天和白云、时间与空间、永恒与短暂、创造与毁灭，似乎都在爱琴海昼夜不息的海浪声中凝聚于这尊雕像之上。它仿佛在喋喋喃喃、絮叨不休：确有毕达哥拉斯这么一个人，但有关他的一切确切消息，除了这尊不会说话的结实的铸铁结构以外，都消失在历史的烟云中。

关于毕达哥拉斯与父亲或母亲及其他亲人的关系，就像关于他本人一样，现代人所知甚少，因为没有任何一项确切的历史资料或文献可以借重。他甚至有可能是在单亲家庭长大成人的，而很多伟大的哲学家都是这样的，如柏拉图、笛卡儿、休谟、康德、尼采等。单亲抚养的环境，可能特别有利于思想家花超出常人的精力去思考宇宙人生的大问题。或者，他一定有着不同于常人的身世，他的生活中一定发生过异乎寻常的重大事件。他的性格及行事方式，尤其是他对灵魂转世观的极大兴趣，由于对其性格与身世缺少了解而同样成为谜团。

然而，这并不说明我们不能就这个人说些什么，事实上，从他自己的时代起，包括柏拉图和亚里士多德在内的众多先哲都在议论他，言说他，梳理历史记载的真伪，去除相互矛盾和明显不实的材料后，我们总还是能够确信，的确有这么一个人，就像直角三角形不可否认一样，他存在过，仍然以某种方式存在着，并还将继续存在下去。

关于毕达哥拉斯，最离奇的说法是，他乃半人半神的萨摩斯人。传说萨摩斯岛上有一位名叫墨涅撒尔库斯的海上行商，在登船出海，来到皮西恩（Pythian）的阿波罗神庙后，照例去德尔斐问神谕，看看余下的行程是否平安。此时他还不知道，妻子帕特尼丝已有身孕。神谕说，余下去往叙利亚的行程不仅平安无事，而且还会硕果累累。接着神谕又说，他妻子将产下一个极漂亮、极聪明的儿子，"凡人之所能，他无不有所成就，因此将为人类造福无限"。墨涅撒尔库斯便将妻子的名字改为皮塞斯（Pythais），并为儿子取名为毕达哥拉斯（Pythagoras），以纪念在皮西恩得到的这个十分特别的阿波罗神谕。船行至腓尼基的西顿后，儿子便降生了。这对夫妻返回萨摩斯岛，发了大财，就在岛上建了一处阿波罗神庙，感谢太阳神对这一家人的特别关照，这就是毕达哥拉斯为半人半神说法的来源，因为皮西恩的阿波罗神谕与毕达哥拉斯的名字相关联，因而暗示他是阿波罗之子。在公元前6世纪，这当然算不上匪夷所思的怪事。

第欧根尼·拉尔修根据公元前3世纪一位萨摩斯岛当地人的说法认为，毕达哥拉斯的父亲为珠宝雕刻匠，这为毕达哥拉斯盛年的许多事件埋下有说服力的伏笔，尤其与毕达哥拉斯可能在意大利南部的克罗顿参与当地铸币改革及其他政治活动的传说相关。

毕达哥拉斯降生的时代，萨摩斯岛正处在异族入侵后的相对平稳时期，因而见证了该岛史上最为繁荣昌盛的崛起故事。海上贸易及时不时地海盗行径为该岛积累了巨额财富，为文化等各行各业的大发展奠定了厚实的物质基础。对于墨涅撒尔库斯这样的海上行商及珠宝雕刻匠来说，拥有田产和殷实家底的中产阶级资本，意味着童年的毕达哥拉斯一定熟知贵族生活的深浅。可以想见，在林深树密的山坡，在灌木丛生的河谷，在雾气迷漫、神秘莫测的爱琴海沿岸的港湾里，少年毕达哥拉斯基于优越生活的幻想世界，一定延伸到了平常人家的孩童不易到达的陌生之境，其深其远，恐怕只有古典时代的希腊诗人们时常吟咏的史诗片段方能描绘一二。

根据史学家希罗多德记载，毕达哥拉斯有两个兄弟，甚至还配有一名仆人。尚在年幼的时候，他便充满了对知识的渴望，将希腊境内和周遭国家众多稀奇古怪的神秘礼仪和知识收入囊中。有众多资料记载他青年时代游学埃及和巴比伦（亦称美索不达米亚，现今在伊拉克境内）的经历，因为毕达哥拉斯本人有过目不忘的本领，无论前世还是今生，凡发生在他灵魂中的事情，他莫不一一熟知。事实上，旁托斯的赫拉克利特称，成年后的毕达哥拉斯常常对人这样说，他前世是埃塔利得斯，众神信使赫耳墨斯之子，赫耳墨斯曾要他挑选除永生不死之外的任何礼物，他就要求得到保持全部生死记忆的能力。这样，他活着能想起一切经历，死后也是一样。后来，他的灵魂进入特洛伊人潘托俄斯之子欧福耳波斯的身躯，因此而遭斯巴达王和希腊联军统帅墨涅拉俄斯击伤。他的灵魂经历了动物和植物的众多轮回，甚至还去地狱走了一遭，目睹地狱的万般惨状，忍受了冥界其他囚徒同样的苦难。之后，经过德洛斯岛的渔民之后，他就成为当时的毕达哥拉斯了。

相传他从萨摩斯岛出发，首先去了累斯博斯岛，带有叔父佐鲁斯致菲瑞塞德斯大师的一封推荐信。他又打造了三只银制酒壶，赠送给埃及的几位大祭司。到了埃及之后，萨摩斯岛的僭主波吕克利特便亲修国书，将毕达哥拉斯介绍给法老阿美西斯。他在埃及学会了当地人的语言，了解到埃及最先进的技术和学问，之后又与精通占星术的迦勒底人和波斯祅僧来往密切。到了克里特岛，他与先知埃庇米尼得斯一同进入艾达的洞穴，后来又进了埃及人的圣殿，掌握了很多关于埃及神灵的秘诀。回到萨摩斯岛之后，他发现这里已经处在波吕克利特的独裁统治之下，便起意扬帆出海，前往意大利南部的克罗顿，与栖居克罗顿的希腊人一同发起自己的兄弟会，合共三百余人，俨然自成一体。当地人敬畏这个精英统治团体，虽然不少人附庸其中，对其内部事务却知之甚少。

研究毕达哥拉斯的学者一致认为，毕达哥拉斯本人并未留下可以让人确信的任何著作，即使有，现在也已无从考察。然而，赫拉克利特坚称，毕氏著有至少三部作品，为《论教育》《论政治》和《论自然》。可是，更多学者认为，这三本著作为托伦特姆的莱西斯的伪托之作。还有一些六步格诗歌也归在毕达哥拉斯名下，后来汇编成《金律诗集》，但有些被认为伪托之作，另外一些则是敌手故意损毁其声名的假托之作。

毕达哥拉斯的弟子也加入了夸大与神化毕氏的行列，甚至说毕达哥拉斯直接就是从北方降临的阿波罗本身，他们拿出的证据是，有一回，毕达哥拉斯褪去长袍后，竟然露出一条金腿，而凡人身上有金腿，无疑就是神祇的确凿证据。又说有一回他横过涅索斯河，众多人听到河神对他发话，表达欢迎光临的意思。色诺芬尼证实，曾有人发现，毕达哥拉斯同时出现在相隔甚远的两个不同地方。杨布利柯和波尔菲里都曾说，毕氏所行神迹众多，包括事业初期帮渔人起获满网鱼，拯救已死的少女性命。可以合理地推断，这些传记作者如此夸大毕达哥拉斯行神迹的举动，无非是要对抗兴盛起来的基督教，把耶稣所行的许多神迹都安插在了毕氏头上。

传说毕达哥拉斯娶的妻子克罗顿女子西雅娜，是布隆提鲁斯的女儿，一说这名女子是布隆提鲁斯的妻子和毕达哥拉斯的弟子。他还有个女儿名达谟，毕氏曾将自己的回忆录交托于她，并嘱咐她不可将这些回忆录示人。她本可将这些回忆录拿出去卖上大价钱的，可她觉得守贫和严守父训比黄金还要珍贵。

据说毕氏夫妻还育有一子，名泰劳格斯，他接替了父亲的事业，成为恩培多克勒的老师。恩培多克勒本人曾就毕氏妻儿说过这样的话：泰劳格斯并无著述，但他母亲西雅娜却颇通文墨、语出惊人。曾有故事说，一些妇女前来请教她，问同房之后多久才算重归纯洁。她答到，要是与丈夫同房，立马就纯洁了，可要是与其他男子同房，则是终身失去纯洁。

毕达哥拉斯兄弟会以"米诺之家"为据点，成员当中有奴隶，甚至有妇女，这在当时是惊世骇俗之举，但也许这正是这个秘密社团成功的因素之一。成员分为两种，一种只听不说，属于入门的初级弟子，另一种可以参与讨论，属于高级成员。所有成员都共有财产，或者在很大程度上如此，他们信守共同的理念，尊崇共同的信仰与礼仪，兄弟会以内的一切秘密，包括研究成果和日常生活信条，大家必须恪守，不得外扬。据说，恩培多克勒、柏拉图和其他人曾因私传秘密而被毕达哥拉斯兄弟会革除会籍。成员们不仅从事四艺（算术、几何、天文、音乐）的研究，而且还深入探讨哲学、宇宙、伦理道德等课题。他们严守毕达哥拉斯规定的一套宗教信条，以灵魂转世和永生不死为核心教义，在日常生活中以美与善的践行为最高标准。

有足够说服力的证据充斥于各个时代，表明毕达哥拉斯兄弟会的成员参与了克罗顿的社会活动，甚至在当地政府各部门担当要职，活跃于政治、经济、贸易与商业活动中，否则无法解释这个数百人的社团的经济独立与学术兴盛。

毕达哥拉斯死于 80 岁以上，一说 90 岁。关于其死因，较多的说法是，他和弟子所在的"米诺之家"遭人放火，纵火者据说是因为并不具备成为毕氏弟子的资格而无法成为兄弟会成员，因此而无缘面见毕氏，嫉恨之下纵火泄愤。但也有人说，克罗顿当地人对这个秘密团体心生疑虑，唯恐其建立起地下王国而危害当地治安和政治体制，因此寻机将这个兄弟会的所在地付之一炬。

亚里士多德及其他著述者论述毕达哥拉斯的许多著作，都提到了毕达哥拉斯及其学派对吃豆子的特别禁忌，因此，关于毕达哥拉斯死亡的细节，有许多人也围绕这一禁忌作文章。亚里士多德认为，毕氏禁食豆子，主要是因为豆子外形像男性生殖器官中的睾丸，又或许因为豆子形若地狱大门，还有说因为吃豆子有害身体健康，或者因为豆子形如宇宙本身，又因为豆子是选举用的法器。有人说，"米诺之家"着火后，毕达哥拉斯破门而逃，来到一片豆子地旁。他宁肯被克罗顿人捉住也不愿跨过豆子地，宁可赴死也不愿人们拿他关于豆子的教义说三道四。就这样，他被人杀害了，同时被杀的还有其他四五十名弟子。

一说毕达哥拉斯成功脱逃，来到梅塔蓬图姆的一处缪斯神庙，藏了四十天后最终饿死。还有人著述说，毕达哥拉斯将恩师菲瑞塞德斯葬在提洛岛后，只身返回意大利，见到迫害兄弟会的克罗顿贵族司伦正大宴宾客，便心如死灰，不想再活下去了，返身饿死在梅塔蓬图姆。亦有说法是毕达哥拉斯及其弟子牵扯进当地一场战争，他们被敌兵追捕至一片豆子地，因不肯跨越青豆地而被俘和掠杀。

有了这么多据说、据信、有人说、传说和传闻，那到底有没有毕达哥拉斯这么一个活人或凡人？他是哪里人？他的家庭情况如何？他的父母是谁？到底有无兄弟姐妹？他去过哪里？在克罗顿过着怎样的生活？他到底作了什么？到底有无著述？死于哪里？因何而死？多大年龄死的？他对西方到底有何影响？如果读者问到这些问题，那不奇怪，古往今来数不清的思想家都在提这些问题，这就是著名的毕达哥拉斯问题。首先，假如有这么一个人，假如传说中的一切都是真的，我们没有任何一条证据是确凿无疑的；可是，假如根本没有这么一个人，如何解释毕达哥拉斯定理？假如是后人随意安插在他头上的一个名称，如何解释在他之后那么多号称毕达哥拉斯学派的学者作出的其他诸民族或文明根本无法企及的贡献？如何解释几乎流传至今仍然没有止息的太空探索？因为，我们必须明白，人类的探索完全是可以沿着根本不同的方向进展到今天的。比如，我们有可能在公元前600年就揭开了化学秘密，整个人类历史以及科学探索史就必须重写了。看来，了解毕达哥拉斯学派及其研究内容，才是破解毕达哥拉斯之谜的唯一办法。

毕达哥拉斯学派

有记载称，毕达哥拉斯学派在第六十个奥林匹克周年达到极盛，其后延续了九到十代。可是，哪些人可以归入毕达哥拉斯门下，却有着不同标准。这个问题，我们会在后面专门论述。

拉尔修将恩培多克勒列为毕氏弟子，是因为他们不仅是同时代人，而且恩培多克勒还是毕达哥拉斯的亲授弟子。恩培多克勒曾说毕达哥拉斯是一位"有凡人不及的知识和无量智慧"的人，尽管亦有人认为，他这话是用来赞颂巴门尼德的。恩培多克勒是西西里岛的阿格里根特人，兼具诗人、哲学家和宗教信徒的多重品质，亚里士多德在其论智者的文章里称他为修辞学的发明者，正如芝诺是辩证法的发明人。亚里士多德认为，恩培多克勒颇具荷马诗风，用词精准，擅长暗喻等诗法。恩培多克勒继承了毕达哥拉斯的宇宙学说，认为太阳是一团永恒不熄的大火，而世界由水、火、土、气四种元素构成，即"四根说"。友爱和争执分别使这些元素发生聚散，这些元素及元素的聚合离散处在永恒的变动过程之中。友爱使万物一时聚合归一，争执又使万物在另外一个时候各自奔向不同目标。恩培多克勒还持有毕达哥拉斯一样的灵魂轮回说，灵魂在不同的状态下时而寄居人体，时而附着于植物，万世复劫。

也许，恩培多克勒被认为毕氏弟子的最大理由，就是他跟毕达哥拉斯一样有行神迹的本领。他曾让河流改道，借以扑灭瘟疫，他曾令已死的妇人复活，他曾在半夜里神出鬼没，他在很多时候直接被周围的人视为大有异能的神灵。

毕达哥拉斯的众嫡传弟子中，与苏格拉底同时代的菲洛劳斯（Philolaus，约前470至前385）可能是最有成就的一位。他晚生毕氏百余年，早生阿契塔五十余年，其《论自然》一书，可能是毕氏弟子中最早公开宣传毕达哥拉斯思想的专著，开辟了毕氏几乎所有重要思想的探索新路。跟这个时期的其他伟人遭遇的情形一样，后世有众多仿冒之作打上他的名号，源源不断，归在他名下有争议的残篇片段达二十余种，但只有其中十一种据说有一定可靠性。亚里士多德叙述毕氏哲学时，所依据的主要资料就包括菲洛劳斯的著作，但是，亚里士多德讲述毕氏哲学时认为，毕氏学派将万物等同于数的说法，与实际情形相差很大，这说法是否菲洛劳斯原意，向来存在争议，而柏拉图也在其《斐多篇》中提及菲洛劳斯，并在《斐利布篇》中改造菲洛劳斯形而上学观以充实自身哲学。

菲洛劳斯认为，宇宙和宇宙内存的一切皆由两类物质构成，限制物与非限制物。非限制物是无法以任何结构或量加以界定的连续体，包括前苏格拉底时代传统的物质元素土、气、火、水，但也包括空间与时间。限制物以包括外形和其他结构性原则在内的要素对这类非限制物设定限制。限制物与非限制物并非随意结合，而要服从于"契合"或"和谐"等可加以数学描述的原则。这种和谐体的一个主要范例，可以在音阶中体现出来。在音阶中，声音的连续体根据整数比而受到限制，如八度音阶、五度音阶与四度音阶就可分别由 2:1，3:2 和 4:3 之整数比加以确定。由于整个世界都是根据数字形成结构的，因此，只能在掌握了其中的数量关系后，我们才有可能获取关于这个世界的知识。

据此，当非限制体的火与非限制体的宇宙中心契合一体构成中心大火时，这个宇宙便形成了。大地不再是宇宙的中心，而只不过是围绕中央大火转动的一颗行星，这个学说比哥白尼的日心说早了很长时间。只不过，菲洛劳斯的宇宙观不仅是解释天体现象的巨大进步，而且还带有神话与宗教方面的重大意义，也是对毕氏思想的重大发展。

菲洛劳斯还根据这个限制体与非限制体的形而上学理论构造出一种医学理论，利用冷热原理将人类的出生与宇宙的产生形成清晰的类比。宇宙和人都在由热变冷的过程中，经过限制体与非限制体的结合而构成，胚胎在热量中酝酿，在出生时吸入冷气成为人形，正如中心大火的热度构造了宇宙，因从无限体中的虚空与时间吸入气体而成形。有限体与无限体的结合方式不同，心智的功能因此而相互差异，有着严格的区分，故人与动物及植物便有所不同。灵魂的转世过程，也是因这种冷热交汇、有限体与无限体的结合而成为可能。

然而，限制体的结构性原则，究竟如何与非限制体构成世间万物的呢？菲洛劳斯的学生尤里塔斯（Eurytus，生卒年不详）拿出了具体的演示办法。

根据毕达哥拉斯传记的三大著名作者和在吕克昂继承亚里士多德的泰奥弗拉斯托斯的说法，苏格拉底去世后，柏拉图曾前往意大利拜访菲洛劳斯和尤里塔斯，且阿契塔亦可能曾是尤里塔斯的学生。杨布利柯也在《毕达哥拉斯传》中将尤里塔斯列在菲洛劳斯与阿契塔之间。

现存的古代记述记载，尤里塔斯是一位喜欢摆鹅卵石的毕达哥拉斯派学者。或摆成人形，或摆成马匹状，他关心的是，要用多少鹅卵石才能摆成事物初具形体的模样。此事在亚里士多德的著作中可以找到证据。一般认为，尤里塔斯的这个方法的确很是稚气，因为不同大小的事物以及不同大小的鹅卵石都会使涉及的数量发生变化。然而，熟悉毕达哥拉斯和菲洛劳斯思想的亚里士多德却认为，尤里塔斯这是在把数量看作实体的起因，因为这些数量便是约束事物空间尺度的那些点。泰奥弗拉斯托斯进一步解释说，尤里塔斯这是在详细具体地演示宇宙的特殊部分如何从基本原则中演化出来，而这正是同时代的其他思想家没有关注或不屑一顾的事情。尤里塔斯的弟子阿契塔看出，尤里塔斯旨在确定数量关系，而只有数量才能给予我们关于世间事物的真知。即是说，平面上的任意三个点皆可确定一个三角形，而任意四个点亦可确定一个四边形。因此，摆放石子的意思，无非是想说明这样一个一般结论：任何形状或结构，皆可由一定数量的点加以确定。像人体这样的三维事物，可能需要相当多的点才能确定，但这些点毕竟是确定的数量，而且与确定自然界中像马匹等的其他事物的数量不同。菲洛劳斯认为万物皆由数量得知，而尤里塔斯只不过是在为此一般性结论提供具体论证，说明所有事物的结构皆由数量决定，而不是说数或数量即是构成具体事物的原子。

临近不远的托伦特姆，是毕达哥拉斯学派保留最持久的一个活动中心，在这里出生的阿契塔（Archytas，前420～前350），是毕达哥拉斯学派成员中最早知名的一位数学家。阿契塔早年热心政治、忠贞爱国，晚年弃政从学。据柏拉图的书信记载，阿契塔能征善战，是西方古代哲学家中最为成功的一位政治领袖，他救过柏拉图的命，柏拉图在《理想国》中所说的"哲学王"，极可能就是以阿契塔为原型的。他比其他任何人都更适合典型的毕达哥拉斯学派成员形象，这更多是因为他是毕达哥拉斯学派中数学成就最大的一位，对几何学、算术及和声学都作出相当大的贡献。但是，在灵魂轮回等教义中，他却是与毕达哥拉斯相距最远的一位。他使公元前1世纪的罗马重新燃起对毕达哥拉斯学派的兴趣，贺拉斯、普罗勃提乌斯和西塞罗都有对他的高度评价。

　　阿契塔试图解决的，是希腊三大难题之一的倍立方问题，即在给定一个立方体的前提下，如何仅用圆规和直尺作给定立方体两倍的另一立方体。他尽管发现这是不解难题，但因此而发现了与比例中项相关的一些定理。他借以解决倍立方问题的方法，就以他的名字命名为阿契塔曲线。他创立了自己的和音理论，提出对日后出现的投影几何学和数论极其重要的调和中项概念。阿契塔率先将数学应用于力学，著有残篇尚存的《力学诸问题》一书。他相信，只有算术而非几何，才能为满意的论证提供基础。《阿契塔残篇之一》可能是中世纪以四艺（算术、几何、天文学及音乐）知名的经典学科最早的文字证据。

有证据显示，阿契塔为光学的发展作出了重大贡献，并为力学奠定了数学基础。他认为，各门学科的终极目标，是要以比率／比例关系来描述世间各个不同的事物，因此认为研究数与比例的学科，即数学，才是最重要的学科。合理筹划与对比例的适当理解，亦是一个人恰当的状态与美好生活之基础。界定事物时，他同时考虑事情的实质与形式。据说，他还是古代最早证明宇宙无限性的理论家。今天，月球上的一处火山坑就以他的名字命名，以示纪念。

亚里士多德还在《形而上学》中提到特别的一群"所谓的毕达哥拉斯派"，以提出下面十组对立概念为特征，用以表达他们对于现实世界构成原则的理解：

限制体／非限制体；奇／偶；一／多；右／左；男／女；静／动；直／曲；明／暗；好／坏；正方／长方。

虽然现在不清楚坚持这些对立观念的学者到底都有哪些，但后世的柏拉图学派及新毕达哥拉斯学派继续发展这种对立统一思想，使毕达哥拉斯学派与柏拉图学派的联系清晰可见。

希帕索斯极可能生于梅塔蓬图姆，亦说生于克罗顿或锡巴里斯，以毕氏传统中的叛逆者著称，曾对毕达哥拉斯在克罗顿实行的贵族统治提出过民主诉求式的挑战。但他更以在毕达哥拉斯学派中率先发起对数学与自然世界的研究而闻名。

古代毕达哥拉斯学派据称在后世演变成阿库斯马蒂西（Acusmatici，强调包括禁忌在内的种种人生规范）和马西马蒂西（Mathematici，强调对数学与自然世界的研究）两派，据说跟希帕索斯关系甚大，有争议的这种分裂多以亚里士多德的叙述为根据。按理希帕索斯应当属于后者，但实际的争论结果是，两派都否认他跟自己一派学说有何关系。

希帕索斯生卒年月不详，但通行的说法认为，他的活跃时期在公元前5世纪最初几十年。在毕达哥拉斯传统中的所有弟子中，只有希帕索斯可确知为自然哲学家、数学家和音乐理论家，且与毕氏圈子内外皆有密切联系。亚里士多德将希帕索斯和赫拉克利特都列为视火为宇宙元素的哲学家，说希帕索斯认为灵魂由火构成，而比希帕索斯晚两代的菲洛劳斯可能是受希帕索斯的影响才建构以中央之火为宇宙中心的宇宙论的。据称，他认为"宇宙变化有固定时刻"，即宇宙循环往复，世间万事皆按照固定时间严格复制自身。由于希帕索斯并无著述遗世，他的宇宙观也只能是后世推测的结果，而只有菲洛劳斯才第一次以文字形式留下毕氏遗产。

希帕索斯在毕氏传统中开启的科学和对音乐的数学分析，一个世纪后才在阿契塔那里到达高峰。八度音、五度音与四度音等和音与2:1，3:2及4:3的整数关系在阿库斯马蒂西派中已有反映，故极可能已经为毕达哥拉斯所知。但是，希帕索斯最早进行实验来证明两者之间的关系。他制作了直径相同的四块铜片，铜片厚度为既定比例所要求的，结果证实：敲击悬挂起来的相同直径的铜片，厚度为另一铜片一半的铜片，会发出相差八度音的声音。

关于希帕索斯最富传奇色彩的一个说法是，他因为泄露和展示正十二面体而受到惩罚，溺海而亡。这当然是想说明他在这个时期进行过与正十二面体相关的数学研究，但根据希腊数学发展史，他在这个时期进行过缜密研究，即正十二面体和其他四个正多面体构造的可能性极其微小，这项成就应当归功于公元前 4 世纪的泰阿泰德。再者，将如此高深的数学问题泄露给圈外的普通民众到底为何会引发如此丑闻亦是奇事，因为一般人根本都不可能弄懂这样的问题。极有可能的事实是，见于史前时代的石制及铜制正十二面体可能是毕氏学派的圣物，而他当着众人研究如此圣物的数学关系，可能导致对圣物的不敬。

较晚近的另一个故事，最早出现在希腊历史学家普鲁塔克的著作中。说是关于无理数的知识被泄露出去后引发了一件丑闻，但并没有说明对透露此事的人实施了何种惩罚。后来有一个版本说，透露无理数之存在秘密的人被处溺水之刑。杨布利柯对两个不同版本都较熟悉，一说泄密者遭放逐，并立冢示意此人已经被革出教门，另一说是将透露了正十二面体数学知识的人（在此并没有提及希帕索斯）溺水淹死。现代学者将以上两个故事合并起来分析，认为希帕索斯在研究正十二面体时发现了无理数的存在，但这也纯属推测，因为没有任何古籍说明希帕索斯与无理数的发现有何联系，也没有证据说明无理数的发现与正十二面体有任何关系。

阿里斯多塞诺斯（Aristoxenus，约前375~约前300）以音乐理论家著称，也是吕克昂的成员之一，因为未能继承亚里士多德的职位而失望。他早年曾是毕达哥拉斯派学人，后来成为早期毕达哥拉斯派的重要资料来源者。据称他有五本论毕氏思想的专著，分别为《毕达哥拉斯传》《论毕达哥拉斯及其同仁》《论毕氏生活之道》《毕达哥拉斯语录》及《阿契塔生平》。不过，上述著作极可能依据相同的资料来源。但因为他与毕氏学派的密切联系，也因为他的资料不同于柏拉图学园中广为流传的遭到扭曲的毕氏思想，因此有重要的史料价值。

杨布利柯在公元4世纪撰写的《论毕达哥拉斯式生活》一书中，按城市划分共列举了二百三十五位毕达哥拉斯门徒，其中有十七位知名女士，有一百四十五位从未见于古代传说的任何一处。书中矛盾之处比比皆是，可是，尽管名录中的这些人并非严格意义上的毕达哥拉斯门徒，也许只是他们的老师受过毕达哥拉斯的影响而已，但这个名录已经足见毕氏传统的巨大影响力了。我们从稍后的分析中可以看出，整个西方圣俗两方面的思想传统，都的确无法完全脱开毕氏影响。

第 2 章

游 学 时 代

留长须的萨摩斯学者

毕达哥拉斯的哲学向来被圈内外的学者看作启示结果，因此，后世的希腊哲学也被认为是其哲学思想的延伸和完善，包括柏拉图在内的一些哲学家的思想，最后都被追溯至毕达哥拉斯这位鼻祖。

早在柏拉图创办学园的时代，新毕达哥拉斯学派就可能已经初备雏形。证据显示，柏拉图的继承人，包括斯珀西波斯和色诺克拉底在内，都已经在学园内传播的毕达哥拉斯思想，却以柏拉图形而上学为名的一些学说。毕氏思想沉寂几个世纪后，新毕达哥拉斯主义再次现身，从公元 1 世纪便开始发育，直到整个古典时期和文艺复兴时期。

在论述希腊思想史的大部分著作中，毕达哥拉斯的思想只不过是众多学说当中比较特殊的一派。然而，我们可以看到，米利都哲学流派，其中的泰勒斯被认为是西方哲学之父，所探索的只不过是一元论的世界本源问题，无论是水、火、"阿派朗"还是别的什么有形无形的元素，都只不过是时人观海或冥思的一个途径，跟毕达哥拉斯一方面求助于超验的神秘体验、一方面探究物理世界的现实关系有所不同，更不用说他在这两者之上所欲求的伦理规范。

然而，毕氏（曾被认为是米利都学派传人阿那克西曼德的弟子）的思想来源，毕竟不是空穴来风，他的游学经历（古代社会扩展知识、探求真理的唯一途径）一定是他不同于萨摩斯或整个希腊全境思想范畴的主要原因。

多重史料皆提及毕达哥拉斯父亲作为商人和珠宝商的身份，这表明毕达哥拉斯应当有足够的理由接受过当时萨摩斯岛上最好的教育，而且他也应当与其他兄弟一样对珠宝雕刻有一定了解。根据史料，毕达哥拉斯有机会接触萨摩斯岛上最有学问的人，而且极有可能去过叙利亚从学。杨布利柯说，毕达哥拉斯心态平和，爱思考，并无言行怪诞之处。说他曾跨越海峡，前往米利都聆听泰勒斯本人的教诲，还从学于当时的天文学家阿那克西曼德。在米利都，阿那克西曼德是第一位绘制地图的人。他认为天体环绕北极星运转，因此将天空绘成一个完整球体，并成为天文学奠基人。他还认识到大地表面必为曲线形，因为人旅行时星球的位置会有变化。阿那克西曼德认为，万物的本原不是具有固定性质的东西，而是"无限定"，即无固定界限、形状和性质，是不生不灭、无穷无尽的"阿派朗"。从无限定中分离出汽热、干湿等对立物，因其运动而产生天体万物。宇宙有无数世界，生物生于湿元素，人由鱼变化而来。阿那克西曼德著有古希腊第一部哲学著作《论自然》，还留有一个残存命题：他将水火消长比喻为人类社会的善恶报应，认为宇宙里存在一团正义之火。

杨布利柯的传记说，老年泰勒斯曾奉劝年轻有为的毕达哥拉斯前往埃及求学，因为他自己的智慧就部分得益于古埃及的学术。而按照波尔菲里的观点，泰勒斯和毕达哥拉斯要跟埃及人学的，正是几何学，因为，"古埃及人精于几何学，腓尼基人擅长数字和比例，迦勒底人的占星术、神圣仪式和神灵崇拜却是最优秀的"。他认为，毕达哥拉斯的学问全都出自上述学术。

埃及之旅

杨布利柯说，毕达哥拉斯来到迦密山下一座庙里安顿下来，恰逢一艘埃及商船停靠在附近的腓尼基海岸，毕达哥拉斯要求乘船去埃及，水手们乐得让这位帅气清秀的青年上船，至少到埃及后可当奴隶卖个好价钱。可是，途中，水手们发现，这位青年一连几天不吃不喝，一言不发也不睡觉，而且商船一路顺风，艳阳高照，顿觉此人异常，到港后便将他扶上岸，当面堆起祭坛，供奉果物，然后离开。这段记述如果不是要说明毕达哥拉斯异于常人的禀赋，至少也能说明他出门在外时谨小慎微的智慧之举。

杨布利柯引述的资料说，毕达哥拉斯遍访埃及庙宇及智慧之人，拜谒祭司和先知，柏拉图的同时代人伊苏克拉底曾说："毕达哥拉斯前往埃及，最早将哲学介绍给希腊人，在供奉事宜与庙宇仪轨上兢兢业业，就算因此并不能得到神灵护佑，至少也能在希腊人那里赢得尊敬。"伏尔泰在《哲学辞典》中论述割礼来源的一节中曾提及，亚历山大城的克莱芒曾说，毕达哥拉斯为能进入埃及庙宇而行了割礼，不能全信，但足见毕氏求学之心切。在毕达哥拉斯生活的时代，尼罗河三角洲一带已经有希腊人居住，当时的埃及法老也乐于促进与萨摩斯岛的海上贸易。因此，萨摩斯人毕达哥拉斯前往埃及应当不是多么惊天动地的奇事。

波尔菲里依据安提丰《圣贤传》的记载讲述了一个不同的埃及游记版本。说毕达哥拉斯先行去往开罗以南的赫利奥波利斯，那里的祭司又将他送往孟菲斯，说孟菲斯的祭司有更古老的埃及智慧传统，孟菲斯的祭司以同样理由将他派往南边三百余英里外的迪奥斯波利斯（古代底比斯）。底比斯的祭司再找不出可以打发他前往的地方了，便拿完全不同于希腊的极繁难的仪轨来考验他，试图让他知难而退。但毕达哥拉斯死记硬背，锲而不舍，结果赢得尊敬，学得他们的秘密智慧，并得允祭拜他们的神灵，这在当时是万难之事，因为埃及祭司从不让外人参与此类宗教活动。毕达哥拉斯后来在克罗顿成立自己的教派时，也遵守这种秘不外宣的内部法则，而在当时的希腊却没有这样的传统。

一个有趣却又不得不问的问题是，假如毕达哥拉斯去了埃及，他要么是事先作了学习外语的准备，要么是临时请人翻译，而要熟悉埃及人的象形文字，尤其是以这些文字表述的宗教仪轨与智慧，他就必须如此。前者应当是极有可能的，古代有闲阶层熟悉多门外语乃常见之事，这可以从柏拉图等人类似的游历中看得出来。环地中海的频繁游历，极可能是当时的风尚。

假如毕达哥拉斯的确如波尔菲里传记所说的那样由北向南纵贯全埃及，那么，埃及文明的一切成就，应当全都在他的考察范围之内了。这其中，金字塔以及由它们象征的埃及文明的高度，应当是毕达哥拉斯耳熟能详的。根据对胡夫金字塔大石块间的砂浆进行的碳十四检测，证明金字塔至少有五千年的历史，而造塔之前的古埃及文明是何状况，经历了多少世事的轮回，现在可能仍是个未知数，即是说，在毕达哥拉斯造访埃及的公元前 6 世纪，当时的埃及人可能并不具备他们的祖先所拥有的那些智慧，这是现今金字塔之谜难于破解的要因。

埃及位于非洲东北部，以尼罗河为中心，东西为干旱的沙漠，南北面临地中海和尼罗河的几处大瀑布。相对闭塞的环境形成天然屏障，可抵挡外族入侵，却又不妨碍埃及人通过红海海峡和苏伊士海峡与叙利亚和巴勒斯坦发生交往。特别是从新王国时代以后，埃及越来越多地陷入对外军事和商贸活动中。

在埃及人的不断对外战争中，埃及帝国成为近东历史上第一个军事霸主，地理环境对它的限制和影响也就越来越少，因而，所谓闭塞和保守性也就越来越被对外的军事活动和政治文化上的交往所削弱。

已有的历史资料可以说明，埃及人能够传递给毕达哥拉斯的成就，至少包括以下几个方面的内容：

数学。尽管普遍认为，埃及人的数学成就远不及巴比伦人，但这是根据现今能够找到的实物资料而言的。事实上，起始年代不详但至今巍峨矗立的金字塔，应该足以说明古埃及人在数学上面的惊人成就。现代科学研究不断地发掘出金字塔隐含的数字奥妙，如：胡夫金字塔的高乘以10亿，其积等于地球与太阳之间的距离；塔高的两倍，除以塔底的面积，等于3.14159……，也就是圆周率；塔的自重乘以101^{15}，正好等于地球重量；地球两极轴心位置的变化，经25827年又回到原来的位置，而塔底对角线之和是25826.6。还有诸如金字塔基座及塔尖与星座之间的对应关系，皆充满不解之谜。如果用巧合来解释如此之多的数字关系，毕竟太过牵强。从历史证据来看，现存的《赖因德古本》记载了古埃及人对"万物的详尽研究，洞察一切存在及所有晦涩奥秘的知识"。里面记载的八十七个问题及其解释，的确也涉及直角三角形求积方法和平截头体体积和半球体表面积的计算。毕达哥拉斯通过何种途径了解这些知识，以及掌握到什么程度，现在只能留给人们去猜测了。

占星术。建造金字塔时的选址、尼罗河定期的泛滥，一定使古埃及人早早就抬起头来仰望星空。他们的历法将一年分成十二个等份，每等份细分成三十个单位，每单位进而细分为二十四个单位，另外再加上五天构成一年的概念，这是与玛雅人相同的观察结果。埃及人还有自己的小星系，即"旬星系"，将对他们生活影响极大的星星的升落编入这个星相表。在公元前 2000 年的棺盖和王室神殿的天花板上还可以找到这些"旬星系"的证据。也有现代学者发现，埃及人也有基于方格系统的星相表。星相表和古埃及宗教与哲学概念的混合，对毕达哥拉斯来说必然是一个具有震撼效果的异域文明成就。

宗教。古代埃及人坚守对太阳神的崇拜，角锥体金字塔形式表示太阳神"拉"撒向人间的光芒，他们认为，神人关系只能是人对神的服从，世间有罪恶，是因人违背了神灵的教导。神必将在审判日惩恶奖善。人在世间，有看得见的形体和看不见的灵魂。灵魂"巴"是人头人手的鸟，人死后，灵魂会出脱尸体，但尸体仍是灵魂依存的基础。要为亡者举行名目繁多的仪式，使其各个器官重新发挥作用，使木乃伊能够复活，继续在来世生活。亡者在来世生活，需要有坚固的居住地，因此就有金字塔和众多其他形式的墓室。现世短暂而来世永恒。埃及人的灵魂观，显然是毕达哥拉斯灵魂转世观的重要来源。埃及人为金字塔中的墓主进行木乃伊制作，可以想见当时他们对医学与化学的精确了解。

神学。无论毕达哥拉斯的埃及之旅为他带来了什么样的圣俗学问，古埃及的创世神学一定给他留下了深刻印象。根据古埃及神学，宇宙及人类生活其中的整个自然界，皆出自一个大神，名阿托姆（Atum），即"万有"。在孟菲斯期间，毕达哥拉斯应当听说过当地祭司宣扬的一种神学，即"创世之道"必有某种媒介通达繁多的世间万物，也就是后世在《约翰福音》中解释成的"太初有道"。从"太初有道"到"太初有数"，应当不是太繁难的哲学推导过程，尤其是对毕达哥拉斯这样周游列国的饱学之士。

文字。古埃及的象形文字，距今五千多年，他们认为自己的文字是月神、计算与学问之神透特（Thoth）所造，这类似中国人的"仓颉造字"说。特别值得注意的是，古埃及的象形文字最后影响了腓尼基字母及文字的发明。埃及象形文字有三十个单音字、八十个双音字和五十个三音字，也有直接能够表示意义的图形字符。真正的表形文字并不多，多数是借数个表形文字的读音来表示其他概念。埃及象形文字中表形、表意和表音相结合，其意符和声符都来源于象形的图形。现在所说的象形文字一般是指圣书体，主要用于神庙、纪念碑和金字塔铭文的雕刻。僧侣体则多用来书写于纸草上，相当于汉字的行书或草书。而世俗体则是对僧侣体的简化。有了文字载体，埃及的文明就插上了翅膀，开始向近东地区和非洲以及地中海沿岸传播。

根据波尔菲里的看法，毕达哥拉斯应当在底比斯居留了相当长一个时期，因此被当地祭司所接纳，让他明白了当地好多极神秘的学问。当时的埃及人普遍持有一种一神论观点，跟后世基督教中三位一体概念相似，只不过他们的神数目更多。创世之神阿蒙（Amun）是众神之神，"不为人知"（阿蒙即"遮蔽"），属于超验世界。其他众神不过是他的不同侧面。

巴比伦之旅

有传记资料说明，毕达哥拉斯从底比斯直接回到萨摩斯岛，但杨布利柯认为，古波斯帝国的国王冈比西斯的将士俘虏了他，并从埃及押回巴比伦。然而，这种说法与史实冲突。他更有可能是随着商队一起越过平原到达巴比伦，或乘船经幼发拉底河到达巴比伦。无论哪一种，远远便能映入眼帘的巍峨的金字形塔庙，一定会让毕达哥拉斯大为惊叹，尽管这些塔庙跟埃及的金字塔比较起来，其历史要晚近得多。高约九十米的塔庙是早期巴比伦黄金时代的见证，尼布甲尼撒建造起如此高塔，显然是想将他自己的统治与过往时代的辉煌联系起来。在城中，宽阔的大道经由横跨幼发拉底河的大桥通往各处，四周都有双层墙壁构成的复杂防御系统。极目远眺，高悬眼前的是空中花园和灿烂辉煌的宫殿建筑群，活动于内城宫室中的，是国王从周边被征服的民族中掠来的成群美女，金碧绿檐的皇宫与万千来自异域的珠宝，在通过复杂的灌溉系统引来的河水浇灌而成的绿树映衬下，巴比伦在毕达哥拉斯面前展现出他从未见到过的两河文明成果。

史书记载，尼布甲尼撒二世扩建的新巴比伦城各边长约二十千米，建有护城河和高大城墙，主墙每隔四十四米设一座塔楼，全城共有三百多座，配以百余扇青铜大门。城内有石板铺筑的宽阔通衢，还有九十多米高的马杜克神庙，幼发拉底河穿过城区，上有石墩架设的桥梁，两边有道路和码头。国王的宫殿奢华之极，宫墙都用彩色瓷砖和精美狮像装饰，宫中还以"空中花园"装点，古称"悬苑"。这座方正的"空中花园"周长五百多米，建在二十三米高的人造山上，园中遍植珍奇花木，宛如人间仙境。

算数和几何学实用知识的应用，是巴比伦宏伟建筑理所当然的前提，建筑、测量与灌溉技术一定早就到达了相当高的水平。城郭的奢华，当然有相应的文化要素与之配套，因此，过往行商旅人无不流连不舍，尽可能多住一些时日。

在毕达哥拉斯的时代，巴比伦已经是中东最繁华的都城之一，由于水陆两路皆相当便利，来到这里的人五花八门，有胡里安人、加喜特人、赫梯人、埃兰人、犹太人、埃及人、阿拉姆人、亚述人、迦勒底人以及其他各色民族。数个世纪持续不断押来的俘虏、入侵的征服者和往来的客商都在城中逗留或客居，使巴比伦成为当时世界最奇异的混血之城，因此也使城中充满各色工种与外来产物。在如此繁华的背景里，一脸胡须的萨摩斯人毕达哥拉斯的到来，应当不会引起当地人特别的留意，他兴许趿着拖鞋满城乱逛，全无遮挡。

无论毕达哥拉斯是流落市井，还是有目的地在靠近僧侣的地方扎下根来，他一定将最初的目的求学隐藏在心中。在这个荒漠之城里，虽然有河水灌溉，植被菜蔬并不匮乏，然而，肉食毕竟还是属于奢侈品，因此，他在巴比伦多半开始了一种素食生活，尽管并非出自个人选择。

毕达哥拉斯历尽艰辛去往巴比伦，本不是为普通的游历之乐，而他要获得巴比伦人的智慧与知识，最便捷且也许是唯一的途径，就是接触当时各个层次的抄写员或书吏。书吏是统治阶层和庙宇殿堂不可缺少的一部分，还有书吏在军队服役，也有低级的抄写员为普通的市井小民服务，或从事教书育人的工作。他们在市场上摆摊设点，为往来的旅客书写家书，起草契约租条，或从事各种筹算事务。在公元前 6 世纪的巴比伦，除开这些书吏而外，能写会算的巴比伦人毕竟属于少数。

毕达哥拉斯想尽办法接触靠拢的一定是上层书吏，就是那些在神庙里掌管圣事礼仪的高级祭司或僧侣，他们在主神马杜克的庙堂里存放了不为外人所知的经籍圣书，而且是用表意文字刻写下来的，不经专门培训，外人决然不知所载内容。这样的秘传方式，后来也为毕达哥拉斯所采用，成为毕氏学派智慧与知识传承的一大传统。

早在公元前 3500 年，巴比伦一带便有了图形文字，这些表意的图形以芦管刻于泥板上，晒干后成为可长久保存的文书。如此刻下的笔画，如同楔子斜向刻在泥板上，因而被后世称为楔形文字，后来为古代西亚各国所采用。表意图形或文字的统一，为邻近文化与智慧的交流提供了必要条件。基于文字统一的文化共振的结果，便是整个两河流域文明高度繁荣的体现。

巴比伦盛行星宿崇拜，观测天象、预测吉凶的习俗汇聚成古代占星术，使神话与宗教两方面都因此获得大发展，基于占星术的天文学也引领带动其他与城池建筑和军事科学以及农业灌溉相关的诸学科的建立和繁荣。

古巴比伦时代以数学和天文知识最为发达，古巴比伦文化到达高峰的时期，现今称为数学的一门学问，当时就称为巴比伦。最早的文字记载显示，古巴比伦人使用的是以 60 为基底的六十进位法，比如，现在的十进制中的 75，在古巴伦人的数字体系中就被表示为 115，这与我们今天将 75 分钟写成 1 小时 15 分钟是一样的。可见，他们这种进制的形成，与时间和角度的测量有很大关系。用六十进位法计算周天的度数以及时间的测量方法，至今为全世界所沿袭。他们已经将圆周率推算至 3，虽然不及古埃及人准确，但已知应用勾股弦定理，并能计算不规则多边形的面积及截头方锥体的体积。在代数领域，古巴比伦人可解含有三个未知数的方程式。古巴比伦人还是制作数学表格的能手，他们的数学成就体现在精确制作的倒数表、平方表、立方表及高次幂表中。古巴比伦人还拥有求平面图形面积的算法，并且用代数手法解决了许多问题，如利用截取六十进制小数的方法处理无理数，如将根号 2 的精确度推向了小数点后 5 位。

在天文学方面，古巴比伦人已经知道了恒星与行星的区别，并为已知星体命名。他们使用的太阴历将一年分为 12 个月，一昼夜分为 12 时，一年分为 354 日，7 天为一星期。为适应地球公转的差数，已经知道设置闰月。古巴比伦人在天象观测方面的长期积累，使后来的新巴比伦人能预测日月食和行星会冲现象，并进一步推算出更为精确的年度时长。由于注重天文数据的观测与保存，他们的成果对后世天文学及宇宙学和其他如物理学等相关学科发展有着极重要的价值。

古巴比伦王朝更以《汉穆拉比法典》闻名于后世，这部成文法典以楔形文字和人像浮雕刻在一根 2.25 米高的黑色玄武岩石柱上，详细规范了国王、奴隶主与自由民、奴隶之间的阶级关系，还规定保护孤寡等具体条文，在人类法治史上有历史性的进步意义，堪称人类社会法典领域的先河。

然而，现代学者对古代美索不达米亚人的智慧与知识的了解，却并不来自毕达哥拉斯居留巴比伦时的新巴比伦时期，就是说，高度发达直至毕达哥拉斯前一千年的古巴比伦文化，是否仍然是新巴比伦文化的一部分？古代的智慧与知识，仍然为这个新的巴比伦文明所传承并流行吗？若非如此，则毕达哥拉斯只能从尚存于高级书吏及其典籍中的古代智慧中获得星星点点的精华。圆周率、求平方根与立方根的方法、他在萨摩斯岛上已经熟知的巴比伦艺术与图案，以及建筑、农业、灌溉、军事方面的实用知识，也应该是毕达哥拉斯在这里能够大量获取的知识。占星术以及由此推演出来的天文学（包括庙宇里记载的天文资料），可能也在他的搜罗范围内。但是，毕达哥拉斯对巴比伦人宗教的了解程度，到底如何影响到了他自己的宗教伦理思想呢？史书在这方面的记载尤其缺乏。

底格里斯河边的两堆荒丘，据说是亚述人的都城尼尼微的遗址。1845 年，英国人拉雅得在这里发掘出两座亚述王官，发现带有双翼的人头牛身巨大雕像和许多精美的石板雕刻，三年中又挖出二十八座王官厅堂，结果发现这里并不是尼尼微，而是亚述的另一都城。1849 年，拉雅得在这里找到了西努基立王的大官殿遗址。发掘出来的资料显示，美索不达米亚人注重现世的祈福和享乐，建造神庙是为了祭祀诸神，保持和神的良好关系，以求风调雨顺、国泰民安。所以，一国之中，庙宇往往是仅次于王官的最好建筑。既然神庙多得数不清，祭司作为神庙的侍奉人员，数量自然惊人，而且权势显赫。

在美索不达米亚，王权要受到祭司的很大限制，虽然国王是神的代言人，其权力由神授予，而神的代表却是祭司。如果不从祭司手中获得权杖，国王就不算名正言顺。祭司控制和管理着神庙里的财富。由于宗教在国家生活中的地位，美索不达米亚的神庙聚敛的财富难以计数。国王一般划拨一部分土地作为庙产，并指定地域献租纳税。对外战争如果获胜，战俘和战利品优先送达的地方就是神庙。加上国民竞相敬献的各类供品，神庙里不仅充满了蔬菜、水果，而且拥有大量的金银财宝。祭司作为财富的管理者，他们出租土地、经营钱庄、参与商业活动，使神庙的财产不断增值。因此，祭司因神得财，因财得势，成为社会的特权阶级。

如果毕达哥拉斯的确去过巴比伦，而且的确从那里获取了萨摩斯岛乃至整个希腊还不曾掌握的圣俗两方面的知识，那他一定是从巴比伦祭司那里学来的。虽然求神问吉、解梦看相、占星预卜的世俗考量处在巴比伦宗教思想的核心，但毕达哥拉斯还有其他文化中的游历经历，因此，以自然崇拜为侧重点的巴比伦文明虽然没有在灵魂转世等超越维度上给予毕达哥拉斯以深刻教诲，但这里的世俗学问还是使他过目不忘，印象深刻，其中许多会在他的克罗顿实践中体现出来。

立足克罗顿

杨布利柯说，毕达哥拉斯在埃及与巴比伦度过了约三十四年，这与可接受的历史资料不相符，但等毕达哥拉斯游历完毕返回故乡时，已经没有几个萨摩斯人能够认出他来，这却是极有可能的事情。在游历中饱学归来的毕达哥拉斯很快吸引了萨摩斯岛上有学问的人，他们乐于白天黑夜地围在他身边，听他讲述异国他乡的神奇传说与珍贵学问。然而，时间一长，学问核心中的智力要求，便使很多人知难而退了。毕达哥拉斯开始忧心如焚，他明白，等自己上了年纪，这些学识便会慢慢消失，再也无法传承了，因此，与其对一群出自好奇的盲从者说法，还不如精心挑选几位确能传承学问的弟子。

传说毕达哥拉斯注意到一位"灵巧敏捷"的运动员，虽然一贫如洗，却刻苦练习，准备在奥林匹克运动会上一展身手。毕达哥拉斯便与这位年轻人达成一项交易：假如他愿意跟随自己学习，毕达哥拉斯就可以为他提供生活必需，还允许他继续从事体育锻炼。比如，这位年轻人能够在算盘上学会所有数字，那就给他三个伊波利钱币。结果，这年轻人越学越上瘾，竟然对数学产生了极大兴趣，令毕达哥拉斯不禁思忖：估计不给他钱币，这年轻人恐怕也会坚持学下去。他便对这年轻人佯称破产，再也没钱给了。哪知这年轻人不仅答应不要钱，而且还保证会尽一己之力养活两个人，只要毕达哥拉斯教下去就行。后来，这位弟子为感激恩师，自己改名为"伊拉托克利斯之子毕达哥拉斯"，据说这名弟子后来不仅跟随毕达哥拉斯去往克罗顿，还留下三册著作《论竞技》。

还有一则讲毕氏弟子的故事，说是小个子的运动员欧里门尼斯遵照习俗，训练期间只吃湿奶酪、干无花果和全麦面包，毕达哥拉斯却劝他跟前面那位运动员弟子一样吃肉，还奉劝他不要在乎比赛成绩，而是为锻炼身体而参赛，结果，欧里门尼斯在赛事中大获全胜。照现代人的观点看，这些故事尽管能说明毕达哥拉斯的智慧，却与毕达哥拉斯是素食者的传说相矛盾。

关于毕达哥拉斯在萨摩斯岛招纳弟子的另一则故事，来自波尔菲里撰写毕氏父亲故事时借重的一本书，名为《图勒人奇闻录》。故事说，毕达哥拉斯的父亲墨涅撒尔库斯在商贸途中，曾看到白杨树下仰躺着一个幼儿，这小孩直视阳光而不眨眼，嘴里含着芦苇管啜饮树上滴下的露水。这位父亲看出，这是少有的异象，便委托当地一位友人办好了过继手续，将这孩子带回萨摩斯岛，与自己的孩子一同接受教育，起名为阿斯特拉厄斯。毕达哥拉斯回到萨摩斯岛后，将父亲过继来的这位兄弟纳为弟子。

《图勒人奇闻录》里还记载了毕达哥拉斯招纳弟子的诸多素质要求。说并不是谁想来他就招谁的，招纳弟子的标准，也不完全基于天资、智力或亲戚关系。他要亲自观察他们的面部表情、肢体语言和气质。他看一个人是否谦虚谨慎，是否在不该说话的时候保持沉默，是否欲望太强、炽情太盛，不符合他要求的，他全都视为"陌生人或野蛮人"。

毕达哥拉斯返回萨摩斯岛的时期，正是僭主波吕克利特统治的巅峰。他建起了地中海东部甚至是当时已知世界最强大的海军，也可以说是最剽悍的海盗船队，他本人也与周边邻国，包括法老阿莫西斯等统治者在内的强权达成他本人无意持守的盟约。结果，萨摩斯岛聚集起当时最多的财富，而且在经济与政治上达到前所未有的高度，引发其艺术、文学与工程建筑的空前繁荣，成为希腊各城邦中最富庶的领头羊。史料记载，当时的船队已经发展到上百艘，每艘船上配备有上千的水手。然而，波吕克利特屡屡食言、背信弃义、骄横跋扈，最终遭到西亚吕底亚王国的暗算，以商讨国事的名义邀他去往吕底亚首都萨迪斯，然后在那里将他钉上了十字架。

杨布利柯说，毕达哥拉斯毕竟不是安于现状的人，回到萨摩斯岛后，他拜访先知，朝觐德尔斐，前往克里特和斯巴达学习观摩当地法律制度。有史家记载，说毕达哥拉斯在这一时期对公共事务产生了兴趣，但波尔菲里认为他前往克里特是要参与一项奥秘仪式，并在当地伊达山的一处山洞里闭关二十七天。总之，在他饱学的基础上，一道神秘的光环已经牢牢地罩在他的头上。

如此，毕达哥拉斯的名声因为波吕克利特的独裁统治而传播甚远，万邦来朝的人流中，不仅仅有对萨摩斯富庶的盲目嫉羡者，还有向毕达哥拉斯请教圣俗学问的有心人。有史家认为，他跟当日有学问的所有贤达一样曾服务于政事，但更多的史料记载的，却是他屡屡归隐山洞的传奇。今天，作为萨摩斯岛最高峰的克尔基底斯山上，确有一处深洞留存至今，许多人相信，这处陡峭山坡上的洞穴，正是当年毕达哥拉斯与来自五湖四海的世间高人切磋奥妙玄机之所在。然而，据波尔菲里的记载，当日，毕达哥拉斯已经意识到，飞扬跋扈的波吕克利特凶残之极，萨摩斯岛上的自由人终归会落入其魔爪，"对于一位哲学家来说，萨摩斯岛已非久留之地"。而对于一位惯于讲真话的人来说，供职朝廷也只会是自取灭亡。杨布利柯说，毕达哥拉斯对意大利南部学术气氛浓厚、上知天文下知地理的学究不计其数的情形早有耳闻，便萌生了亲身前往的念头。

处于意大利南端的海港城市克罗顿，原是公元前8世纪～公元前6世纪古代希腊人建立的夹杂在土著居民点之中的一系列城邦的一部分，整个南部地区总称大希腊，是希腊殖民活动的产物。公元前8世纪上半叶，赫尔基人首先向意大利南部移民，建立了库迈和列基昂等城邦，继而阿哈伊亚人建立了锡巴里斯和克罗顿。大希腊的诸城邦除与周围意大利各族经常发生战争外，彼此之间也常有战争。在接下来的数个世纪，征战不断的结果是，公元前272年托伦特姆城落入罗马之手，大希腊的所有城邦陆续为罗马人占领。

在毕达哥拉斯的时代，克罗顿是地中海上著名的港口，也是欧洲知名的造船中心。港口背后原本只有很小的一块平地，很快就变成小山坡，又由小山坡变成陡峭的高山，那里曾是亚加亚人建造居所的地方，后来克罗顿人又在山上建造了自己的城堡，再后来，克罗顿人才将注意力集中在港口不远处的海峡上，并在那里建造起高耸入云的赫拉神庙。

克罗顿的海港和船坞，都修建在从希腊至西西里岛的墨西拿海峡和伊特鲁里亚海的沿海航线上。这里气候宜人，是大希腊地区最有名的休养生息之所，特别有利于健康。这里的海水不似萨摩斯岛一带的深蓝色，而是清澄明快的浅蓝色，登高远眺，随处可见大小不一、深浅交错、蜿蜒无尽的海湾与海岬。小山坡上树木葱葱，延伸至西北一带后变成浓密茂盛的森林，山上的林木为这里的造船业提供大批优质的木材。

克罗顿人崇拜天后赫拉女神，供奉品包括金制的花卉与舶来的奇珍异宝。当地人将她看作所有妇女的保护神，而作为大地母亲，她也是动物与航海者的保护神。他们实行一种称为千户团的僭主政治制度，都宣称自己是希腊大陆亚加亚人移民的后裔，由于人口激增，许多人驾船前往西边的海湾寻找生计。虽然意大利南端诸民族彼此关系紧张，但克罗顿显然没有构筑城墙或古堡，这多半是因为此地与其他希腊城邦相距遥远，因此也无防备之必要。

公元前532年，毕达哥拉斯随同一批旅行者、奴隶、水手、工匠和苦力挤上海港。抬眼望去，克罗顿港的三大片居民区互隔约30度角垂直于海岸，狭窄的大街上，数不尽的更窄的小巷与大街形成直角，将一栋栋朝向庭院的房舍隔开。走进大街小巷，毕达哥拉斯可以看到，克罗顿的民宅皆由粗粝的石块垒成，屋基墙底都以陶土和瓷砖筑成，异常坚固。过去两三百年来的征战和数度焚毁，并没有摧毁这座沿海城镇原有的祥和安宁和井然秩序。造船业与海港的日常贸易，仍然使它保持着地中海上诸民族热烈的海洋气息与分秒不停的生计忙碌。

然而，克罗顿虽然以拥有优秀的奥林匹克选手和名医著称，却绝非毕达哥拉斯所听说的学术中心，最多只能说，这个富庶的海港在丰衣足食之余，已经作好了接受学识、初通礼仪的准备工作。到达克罗顿的时候，毕达哥拉斯年约 38 岁，之后在这里生活了三十余年。他凭丰富的学识和深广的见闻很快便在这里赢得尊敬，身边聚拢了社会各界人士，包括普通市民、贵族等。

亚里士多德的弟子之一第凯尔库斯曾写过关于毕达哥拉斯及其社团情况的一本书，这是研究毕达哥拉斯的学者所能借重的最早古籍，因为第凯尔库斯的盛年离毕达哥拉斯去世才一百八十年。据第凯尔库斯记载，毕达哥拉斯先是在克罗顿的体育场所与那里的青年攀谈，闲谈中，毕达哥拉斯劝导这些年轻人尊重长者，言行克制，勤奋好学。如果年轻人能贯彻执行，当然会使各家各户的长者激动不已。可是，上述这些劝勉很少能让年轻人听得入耳，因此，假如毕达哥拉斯能够成功劝导这些年轻人，那一定说明他具备相当吸引人的领袖气质。

千户团的成员中，有人请毕达哥拉斯出席他们召开的会议，听取他各方面的意见，看看有没有什么办法改善克罗顿现状。在希腊时代，这种做法并不鲜见，尤其是对像毕氏这样家族血统无可挑剔的文雅之士来说。使徒保罗前往雅典的时候，也受到了隆重的礼遇，人们邀请他去亚略巴古讲道，当地人都热心倾听他的新点子。对于来自远方更大都市的学识之士，克罗顿人更是尊之有加。

据杨布利柯记载，毕达哥拉斯所提的建议，有些可以预料得到，另外一些却有震撼效果。他建议修建一座供奉缪斯女神的神庙，以庆谐音、和声与节奏以及所有对保持和谐有益的东西。他奉劝统治者对治下平等以待。要建立公平公正的社会秩序，政府官员遇到批评不能动怒。办事要讲求效率。在家里，应当关爱妻儿，因为其他的契约虽然刻在石板上，婚姻的誓约却体现在孩子身上。不要让父母与孩子分开，那是极大之恶。不要在婚姻之外另寻性伙伴。如果希望拥有更多荣誉，应当用公平手段赢取而不可强人所难。

这些言简意赅且并不故弄玄虚的金玉良言，给人一种脚踏实地的真实感。克罗顿果真建起了一座神庙，果真有人将小老婆赶跑了。人们邀请毕达哥拉斯在正式场合为年轻人作报告，还去为妇女讲话，这后一点后来成为毕达哥拉斯学派的一大特色而保持下来。

克罗顿是一座供奉女神的滨海城镇，因此，毕达哥拉斯对女性的讲话中也充满对女性的极大尊重。他主张凡事公正公平，言行有度，供奉物要简洁适度，不可用血制品或死动物。与女性谈话时要身心愉快，言行中规中矩，让人传为美谈。妇女必须明白，爱丈夫胜过爱父母是完全正当的。不可违抗丈夫，但在具体事务上可与丈夫商量，假如丈夫让步，也不要以为他就可以任凭自己处置。但是，杨布利柯的故事有时编得太过，竟然说，克罗顿岛上的婚姻状态因为毕达哥拉斯的宣讲而大为改善，妇女们竟然结队前往神庙，将昂贵的供奉物献给女神。

毕达哥拉斯对克罗顿人说过的一段话，差不多是所有传记作家都提到过的，就是到了 20 世纪，英国哲学家罗素还在旧话重提。毕达哥拉斯对克罗顿人说：拿奥林匹克运动会打比方，最低等的，是那些为了奖项而前来参赛的人；次一等的，是那些前来做一单生意的人；最高的，还是那些看客，因为他们前来，是要知道真相。这也就是后世对哲学家的评判。人生其他的情境，莫不可照此比对。总之一句话，此世的一切占有，都是虚无缥缈的。反过来，人应该尽一切所能远离身体的疾病，熟知自己的灵魂，削减肚腹之乐，避免都市暴乱，维持家庭和睦。

按照波尔菲里的描述，毕达哥拉斯给克罗顿人的印象是，他"是自由人，身材高大，言谈优雅，举止得体……占尽自然造化之利，又有连连好运相随"。毕达哥拉斯的门徒很快增加到六百人。按照毕达哥拉斯的教导，兄弟会的所有成员都不"拿任何东西当作自己的"，因为友谊隐含着平等。人人供奉自己所有，存放在共同仓库里的所有财富也都属于大家。很明显，毕氏弟子大都赞成这样一种集体公有制。

然而，并非所有成员都在这个集体内享有相同地位。上述六百人只是"进行哲学思考"的门徒，还有约两千男子及其妻儿属于较大的"听众"团体，他们聚集在专门修建的大会堂里倾听毕达哥拉斯的说教。由于这个团体包括克罗顿最富有和最有影响力的一些人，因此，所有人都"放弃生计"，专心做弟子的可能性很小。但是，根据三位传记作家的所有记载，这些人至少曾在一段时期内愉快地生活，而且会分享至少一部分公共财物。有史书记载，当地有很多人拿毕达哥拉斯当神灵看待，但也有资料持与此相反的意见。至少，亚里士多德在一篇关于"论毕达哥拉斯哲学"的文章中说，"理性造物"分为几层，有神灵，有人，还有介于这两者之间的存在者，比如毕达哥拉斯。

毕达哥拉斯抵达克罗顿的初期，这座海滨城邦正处于军事低潮，大希腊地区的各个城邦各忙于相互间的征战，同时也与大希腊地区之外的敌人作战，以邻为壑。克罗顿人在与洛克里城邦在萨格拉斯河展开的战斗中失利，但仍然控制着相当大的势力范围。沿海靠山的生活便利，使克罗顿保持着相当繁荣富强的经济与社会状态。

可以想见，多达数千人的一个团体，显然希望像毕达哥拉斯这样的人能够发挥一定的社会影响力，因此，他们要么为僭主出谋划策，要么直接成为僭主集团统治的一部分。这批人的影响力，可能不仅表现在克罗顿，甚至有可能延伸到大希腊的其他地区。波尔菲里说，毕达哥拉斯的劝说如此奏效，竟至于让森托里帕的统治者西米科斯在"听过毕达哥拉斯的演讲后，主动退位，将举国财富均分给兄弟姐妹和国内民众"。当地有众多传说都证实，当初，毕达哥拉斯宣传"热爱自由"的思想，结果让大希腊地区的许多城邦纷纷获得独立，依法行事，彼此和睦相处，直到数代人之后才复归彼此征战的旧局。拉尔修也曾说，毕达哥拉斯为克罗顿人起草了一份宪法性质的文本，而且他本人以及所率领的团体，也成为贵族，其根本性质即现在所说的"精英统治"。

公元前510年，也就是毕达哥拉斯到达克罗顿的第二十三年，在奥林匹克运动会摔跤比赛上常胜不败、当时已经成为毕达哥拉斯弟子的米诺，率领克罗顿大军攻伐富裕的邻城锡巴里斯。他仿照往日米利都的哲学家泰勒斯的手法，掘地让克拉提斯的河水改道，冲毁锡巴里斯都城，之后，克罗顿的大军将这座城池夷为平地。此役令克罗顿在该地区的影响力与国力达至巅峰，史家将克罗顿这一时期的成功归功于毕达哥拉斯对克罗顿人的说教与训练。假如三位传记作家的资料可信，那么，毕达哥拉斯就成为古代第一位真正意义上的"哲学王"。

关于毕达哥拉斯对克罗顿进行的经济改革，钱币收藏家们一致认为，克罗顿及邻近地区使用的一种铸造（或以铁锤敲击而成的）货币图案，最早是毕达哥拉斯及其最初的一批弟子的功劳。这些图案精美的货币（因此也较难仿制），虽然并非最早的硬币（比如，米利都早在公元前7世纪便有了硬币），却也说明这个地区一定存在着"达·芬奇级别的"博学之人，而毕达哥拉斯作为珠宝雕刻匠之子，对铸币所需的艺术一定并不陌生，而作为一位阅历丰富的人，对世界各地的市场也一定非常熟悉。据说，毕达哥拉斯还将某些类型的重量及测量单位引入克罗顿，虽然毕达哥拉斯希望弟子在对数字的研究中远离这些"商业用途"，但至少也说明他明白数字在这些实践领域中亦可派上用场。

尽管毕达哥拉斯及其兄弟会一定也树了不少敌人，但在毕达哥拉斯生活于克罗顿以及死后的半个世纪里，其影响力远远超出克罗顿，向各个方向的城邦延伸而去。有资料显示，毕达哥拉斯在克罗顿产生的巨大影响使僭主们有所警惕，又说他对年轻人和妇女的说教引起僭主们的嫉妒，但具体内容却无从知晓。这主要是因为，毕达哥拉斯在世的时候，他本人及其弟子都严守会规，所有思想、原则、说教及学术细节，皆不得外传。不仅严守口头秘密，而且任何弟子皆不得形诸文字。兄弟会内部还有一个级别之差，所有弟子初期都必须学会沉默不语，只听说教，要保持"五年之久"的沉默，才有机会在毕达哥拉斯家里见到他本人。这个严守教规的传统，在后世也出现在希伯来《圣经》的智慧书中，基督教早期教父也曾接纳这样的传统。几位传记作家在毕达哥拉斯是否有文字作品存世的问题上意见不一，拉尔修认为他有三本著作问世，在拉尔修自己生活的时代还流行于世，即使如此，那些著作现已失传了。

第3章

我本来自天上神族：灵魂转世

神子埃塔利得斯

假如毕达哥拉斯在克罗顿仅仅为僭主提供了一些治理社会的意见，又为普通民众讲解了一些异域见闻和道德说教，那他不可能获得那么大的名声，也不可能召集起那么大规模的一个兄弟会。一定有更深奥的宗教知识吸引当地民众，而灵命的寄托、对来生的期盼，往往是所有民族最为关心的。那么，毕达哥拉斯为他们讲述了什么样的来世情景呢？

在克罗顿海岬的巅峰，屹立着赫拉女神雕像，几乎是在向过往的所有商船和天上地下的神、人昭示，这是一个信仰多神教的民族。赫拉是宙斯之妻，以嫉妒和残忍出名，却也是女性的保护者，当地人供奉这样一位神灵，显然也是大希腊地区整体宗教面貌的体现和雅典文化影响的结果之一。

可是，毕达哥拉斯到来之后，不管出于什么理由，都曾多次在克罗顿人面前说，他记得住自己的前世今生。杨布利柯的传记中说，毕达哥拉斯记得起来的最早身份是赫耳墨斯之子埃塔利得斯。赫耳墨斯允许埃塔利得斯挑选一件礼物，除了像神灵一样长生不死以外，其他任何东西都可以挑选。埃塔利得斯便请求获得特别记忆能力，让他记得住前世发生的所有事情。这样，毕达哥拉斯就不仅记得自己曾是埃塔利得斯，而且还记得曾是特洛伊人潘托俄斯之子欧福耳玻斯、伊庇鲁斯王国的国王皮洛斯、德洛斯岛的渔民等。由于欧福耳玻斯是特洛伊战争中的英雄，永久性地记载于荷马名著《伊利亚特》之中，因此，杨布利柯和波尔菲里两位传记作者都曾描述毕达哥拉斯自己弹奏里拉琴，吟诵出荷马为欧福耳玻斯之死所写悼词的情景。

有这么一则故事，证明毕达哥拉斯确能回忆前生遭际。据《荷马史诗》记载，欧福耳玻斯在特洛伊之战中死于斯巴达王墨涅拉俄斯之手，（也许经历了无数次的转世之苦）之后，他成为赫尔墨迪马斯，而赫尔墨迪马斯可以证实此事为真。由于版本不同，此人证明的地点说法不一，有说是在土耳其西部的布朗奇达伊发生的，也有说是在希腊东南古城阿戈斯发生的，无论如何，赫尔墨迪马斯来到一间神庙，发现墙上钉有一块快要朽烂的盾牌。除了一处象牙制的突出物没有了以外，这块盾牌原封未动。这件古物要么是墨涅拉俄斯献给阿波罗的供奉物，要么就是特洛依之战遗下的战利品。可是，赫尔墨迪马斯见此盾牌便泪流满面。旁边的人问说怎么回事，他便如实奉告，说他本人在特洛伊之战中就拿着这块盾牌作战，当时，他的真身是欧福耳玻斯。旁边的人以为他神智出了问题，可他对众人说，盾牌的反面，就刻着他欧福耳玻斯的名字。众人取下盾牌，果然就在反面看到用古代字体刻在上面的欧福耳玻斯之名。不久之后，赫尔墨迪马斯去世，转世成了皮洛斯，再转世为德洛斯岛的渔民，然后才是毕达哥拉斯。当然这还只是毕达哥拉斯转世过程中的主要情景，其实，他说中间还不知经历了多少次或变身植物，或投胎动物的转世过程，他甚至还记得亲历地狱的情景，以及在地狱里遭受的种种磨难。

按照现代关于邪教的定义，毕达哥拉斯这些称言完全符合江湖骗子的条件。事实上，拉尔修重述过公元前3世纪萨摩斯岛当地人赫尔米帕斯讲的一个故事，正是此人说毕达哥拉斯之父墨涅撒尔库斯是珠宝雕刻匠的。赫尔米帕斯说，毕达哥拉斯曾经躲入地下暗室，让他母亲记录每天发生的事情，并将发生的时间和地点都记在表格中，然后由他母亲递送至他的地下藏身所。最终，待毕达哥拉斯身形如骷髅一般在人群中现身的时候，就说自己刚刚从地狱归来，然后在众人面前详细说明他不在场时当地发生的大大小小的事件以及发生的时间及地点。众人便惊呆了，相信他是神灵。大家痛哭流涕，哀声一片，众人纷纷"将妻子交托于他"，"这些妇人也自称为毕达哥拉斯的女人"。史学家希罗多德（尽管并不相信）也记载了同样的事情，说曾在萨摩斯岛当过毕达哥拉斯奴隶的一个人，也利用相同伎俩在色雷斯哄骗当地人，为自己罩上神秘光环。所幸，后世有很多学者都认为，所编织的那些神奇故事，包括说毕达哥拉斯是骗子的说法，全都是一个不信神迹的时代中人们拿来毁誉毕达哥拉斯的口实。

其实，关于灵魂转世这一类的神秘教义，现代科学亦无法给出确切定论。现代对于灵魂转世等超常现象的严肃研究，是从美国哲学家威廉·詹姆斯的心理学研究开始的。他对种种宗教经验的收集整理，为对灵魂转世的系统性研究开启了科学研究的大门。荣格在瑞士进行的系列研究，也对前世记忆与人格形成的相互关系贡献颇多。

进入 20 世纪，对灵魂转世观念的系统研究进入了实证科学阶段。美国弗吉尼亚大学的精神病医生伊恩·史迪文森在四十余年里对超过两千五百例前生记忆案例进行研究，一共出版了十二本专著，包括《灵魂转世二十例》和《灵魂转世与生物学的交接》等。他详细记录这些少年对前世的回忆内容，并想办法找到那些已经过世者的存在证据，使其与少年回忆的内容相符合。他还调用比如病历和尸检报告等资料比对逝者胎记、出生缺陷、伤口、疤痕等证据，以求获得灵魂转世的物证。史迪文森寻找前生回忆不成立的证据，也想办法从其他角度对这些现象进行解释，结果他相信，他所使用的严格方法可以排除所有对这些前生回忆的"正常解释"。由于他的初期调查是在灵魂转世说较为风行的东方社会进行的，所以他后来又出版了《欧洲的灵魂转世案例研究》。另外，还有吉姆·塔克、萨·帕斯里卡、高德文·萨马拉内和厄伦杜尔·哈拉森等学者进行类似研究。有怀疑主义者认为这些回忆不过是"逸闻趣事"，说这些证据都属于"选择性思维"，回忆的内容经常有错，因为那些都是人自己的信仰系统或深层忧虑所致，因此都不可用作经验证据，灵魂转世并不能充作对这些回忆内容的最佳解释。结论是，大部分正常人都不具备回忆前生的能力，人脱离死亡并转世寄托于另一身体，是现代科学无法解释的自然现象。无法解释，却并不能说明这样的现象不曾存在。

最近几十年来，以灵魂转世为题材的电影、小说和学术著作在西方重新燃起人们的兴趣。研究显示，一些基督徒、新异教徒、通灵术的信仰者和研究卡巴拉、诺斯替及秘传基督教等秘传哲学的学者都信灵魂转世。印度的各个教派也信此说。在思想自由、信息灵通却并不存在灵魂转世说传统的欧洲国家和美国，从1999至2000年进行的人口普查数据说明，这里有20%以上的人相信：人有前生，死后会继续活下去，而且还会以另一种肉身复活。史迪文森的调查结果也说明，除基督教和伊斯兰教以外，灵魂转世说为差不多所有宗教信徒所接受，西方国家名为基督教徒、实际也相信灵魂转世说的人群，所占比例为20%~30%。一个有趣的故事说，怀疑主义思想家和灵魂转世说的研究者卡尔·萨根曾问过达赖喇嘛：如果科学确实证明灵魂转世这个藏传佛教中最为关键的信条是错误的，那他该怎么办。达赖喇嘛据说是这么回答的：假如科学确实能否证灵魂转世，藏传佛教将抛弃这个学说……但要否证其恐怕是相当困难的。

科学界或不信灵魂转世说的其他宗教认为，由于证据显示，这个学说在世界差不多任何文化里都曾风行一时，今天，在未开化的民族中仍然有大量信奉者，如此普遍的社会现象说明，这是人类自发或本能性质的信仰，目的是应对人的生存当中最紧迫和最深层的问题。在不同的信仰体系和神话传说里，它都被披上数量繁多、内容丰富的文化外衣，因此说明它对人类的想象力具有极大吸引力，能够渗入不同类型人群的思想意识。其成功要素，一是在于人类对永生不死有着最基本的信仰，二是在于这个学说的全面性，它能将所有单个人的生存归并入一个整体的计划当中去，从而满足人类固有和本能的神化自身的需求。

然而，正如达赖喇嘛上述充满智慧的回答所暗示的，灵魂转世说与灵魂本身的说教紧密相连，现有的任何宗教都无法轻易地排除灵魂存在的可能性。而灵魂，无论就其是某种性质的实体，还是就其是某种性质的意识或精神来说，更是任何人都无法消解的哲学难题。精神和意识能够存在，没有任何证据说明它一定会随肉体的分解而消亡。要断开肉体与精神的联系，就必须排除人类能够解译父母的基因信息的可能，而这正是现代遗传学或基因工程必须要破解的难题。通俗地说，假如一切精神现象必须通过肉体或物质的直接联系才能发生，那么，一个男子望一眼女子如何导致脸红便是神秘现象了。

我们无法完整复原毕达哥拉斯当初如何开始对信奉多神教的克罗顿人提起普赛克，并说明它在人死后应该是能够继续存在的。可是，毕达哥拉斯劝告人们说，灵魂光是继续存在有什么意义呢？孤魂野鬼的灵魂如果没有着落，还不如根本没有灵魂的好。比如，对荷马笔下的那些希腊英雄而言，真正的"自我"就是那具肉身，一个人所谓美好的生活，全都跟这肉身联系在一起。假如再不能大吃大喝，再不能作战，再没有人类之爱，再没有性生活，再没有兄弟朋友，有没有灵魂又有什么关系呢？这样的问题，我们相信，一定是克罗顿人听得十分明白的。

那么，对克罗顿人来说，死亡到底是怎么一回事呢？毕达哥拉斯当然不会对他们说，死亡，即是对上述所有有血有肉的生活的告别，灵魂会成为一道阴影、一个梦幻、一阵烟雾，就是孤魂野鬼。相反，只有奥林匹斯山上的那些神灵才得永生不死，而且他们会尽全力守护这一条底线，凡人不得越出一步。这当然不是克罗顿人，也不是任何一个民族的人民愿意倾听的。他为克罗顿人指明的，是更乐观的灵魂转世情景。这也就是毕达哥拉斯的灵魂转世说能够风行的民意基础，或者信仰的根基。现在已知，东方诸宗教，包括印度教、佛教、耆那教等，都信仰灵魂转世的学说，可是，在信仰多神教的希腊，这种灵魂转世说是怎么传到毕达哥拉斯那里去的呢？

我们已经得知，毕达哥拉斯造访过埃及，而埃及有灵魂必须附体的宗教观念，不然，他们就不会花费大笔金钱，用精心采集来的珍贵香料制作精美的木乃伊了。毕达哥拉斯从埃及带回萨摩斯的灵魂转世说，与俄耳甫斯教相互影响，两者孰先孰后，现有资料无法确证。能够确证的，倒是这么一条史实：俄耳甫斯教的灵魂转世说，与印度诸宗教的灵魂转世说距离最近，但公元前6世纪中期，印度宗教与希腊如何产生联系，现在都是不解之谜。

希腊史学家希罗多德曾记述说，埃及人是最早宣称灵魂不死观念的民族，认为人死之后，灵魂会离开尸体进入另一种动物的肉体。在三千年时间内，灵魂会历经陆上、水中、空气中的一切生命形式的寄托，最终回归原来的肉身。虽然灵魂转世的观念肯定也不是埃及人最早提出的，但一定是通过埃及传到希腊去的。根据近年来的考古发现可以确定的是，埃及人对灵魂不死观念的看法，显然不局限于人类，因为也有很多宠物得到制成木乃伊的特别待遇。据说最早在希腊传播此种观念的人是古希腊色雷斯地方的诗人与歌手俄耳甫斯，柏拉图从毕达哥拉斯那里掌握了这一学说后，在他的哲学著作中以巨大的篇幅使其完善成为完备的学说。

然而，俄耳甫斯本身也是一个神话人物，传说他发现了灵魂转世的奥秘，便在诗中表述出来，后人根据诗中内容勾勒出灵魂转世观念的概念。这个传奇故事的大意是说，宙斯与珀尔塞福涅所生之子狄俄尼索斯（扎格列欧斯）为合体之神子。起初，宙斯起意立扎格列欧斯为宇宙之王，泰坦族的巨人便恼羞成怒，将这小男孩撕成碎片吞下，雅典娜救下扎格列欧斯的心脏交给宙斯，宙斯吞下这枚心脏，生出合体的狄俄尼索斯，同时以雷电击杀泰坦族巨人。从被击杀的泰坦族巨人的灰烬中诞生出人类，因此，人生下来便是神圣（狄俄尼索斯）与恶俗（泰坦族）的合体。要理解俄耳甫斯教，对人性的这种双重性质的认识则是必不可少的。俄耳甫斯教肯定灵魂的神圣来历，强调只有入教掌握该教的众多奥秘，历经灵魂转世之后，灵魂才有可能彻底脱离从泰坦巨人那里继承下来的凡俗之根，然后进入永恒的自在之境与福地。因此，俄耳甫斯教特别强调人的伦理与道德自律。还要通过禁欲（比如不沾荤腥）等来净化身心，使灵魂纯洁的一面重归自身。这与流行的古希腊宗教有如下不同之处：它强调人的灵魂有神圣根源，而且灵魂可以不朽，但注定要通过灵魂转世的过程，在接连不断的多重肉身中历经多重痛苦的轮回。要超脱痛苦的轮回，并与神灵合一，人必须过禁欲的生活，还要行该教规定的秘密仪式。它强调，人在此生的种种过犯，都会在死后受到惩罚。它的教义都是基于神灵和人类起源的神圣文字。这些教义，都在希罗多德、欧里庇得斯和柏拉图的著作中有所反映。

在"米诺之家"说法

毕达哥拉斯在克罗顿成功立足的一个重要原因，是他交结了当时闻名全希腊的竞技英雄米诺。米诺不仅在古希腊重要的体育竞技活动中屡屡获胜，据史学家记载，他还在公元前510年领导克罗顿人大胜邻国锡巴里斯，成为重要的军事领袖。可巧米诺并非粗汉一条，他同时还因为毕达哥拉斯的学问而十分景仰他，甚至娶了毕达哥拉斯的女儿迈娅（或**一位同名的毕达哥拉斯女弟子**）为妻。也有传闻说，毕达哥拉斯的妻子西雅娜便是米诺之女。这样的姻亲关系不仅使毕达哥拉斯很快在克罗顿安顿下来，而且与米诺这样的权贵交结，使他在进行社会组织活动时游刃有余。

米诺为毕达哥拉斯兄弟会提供的活动场所，后世称为"米诺之家"。可以想见，毕达哥拉斯通过层层弟子关系，由核心向外扩展，直到将所有弟子全都十分关心的灵魂转世说推向兄弟会的所有成员。

灵魂转世，首先必须要确认灵魂的存在，了解灵魂的各种知识，然后才能说到如何转世的事情。在毕达哥拉斯的时代，古希腊流行的灵魂观，就是《荷马史诗》中展现的图景，当时所谓的"灵魂"，一是指人可能在战斗中冒险丢失，或者在死亡中彻底丧失的东西，另外一方面，它也指人在死亡的那一刻会离开肉身前往冥府的那个东西。灵魂会像影子或死人在世时的模样，在地狱里历经可怜的死后之生及其痛苦。这两层意思，实际就是指一个东西，就是人在生死关头会拿它冒险，死后又会奔赴冥府的东西。这表明，灵魂始终是与生命联系在一起的，而且，不是指任何形式的生命，而专指人类的生命，脱离了人类肉身的灵魂才会去往冥府。

这个说法无法证实，但人们普遍相信，灵魂就是人死之后永久离开肉身的东西，也就是说，人死灵魂就没了，灵魂的存在，就是区分人死人活的重要依据。这个观点同时还说明，灵魂只与人的生死相关，在《荷马史诗》中，提到灵魂的时候，也就是一个人拿生命冒险的时候，或者论及生死时才提及。除此之外，灵魂与人的生命中所包含的其他内容，如人在世时的活动，人面对外界刺激的反应以及人的种种生活方式或言行，都没有直接联系。而这正是后世思想家如毕达哥拉斯等有所阐发、有所作为的一个空白处。

相对奥林匹亚山上永生不死的诸神灵而言，凡胎肉身面对的是一个苦不堪言和无望的死后世界。这种令人沮丧的灵魂观，在荷马的时代以后，尤其是俄耳甫斯教的兴起以后，慢慢发生了变化。无论是由于俄耳甫斯还是毕达哥拉斯或者是现在不为人知的其他宗教影响，灵魂的概念慢慢扩展到了更宽泛的范围，包括了差不多所有形式的活物，就是说，灵魂就是纯粹区分生死的东西。有灵魂就是活的，灵魂丢了就是死的。把灵魂推向广泛的范围，就为人的灵魂转世及为人的灵魂在他处的短暂寄存提供了"物质基础"。有了这个基础，毕达哥拉斯便利用他从埃及和巴比伦学来的灵魂智慧进行灵魂转世观的哲理化。

根据这种更广泛的灵魂观，毕达哥拉斯指出，灵魂不仅仅与像思想、感知和欲望等的精神或心理活动相关联，而且也是道德品质的承载者，更是对有机体或一切活物的重要生命功能的支撑。有学者指出，从历史上看，与灵魂转世相关的思想很可能是在不同地区独立发展起来的，也有可能是文化交流导致的结果。支持文化接触观的学者，一直在寻找铁器时代的凯尔特、希腊与吠陀宗教与哲学之间的联系，甚至有学者指出，对灵魂转世的信仰，极可能是整个原生印欧宗教的结果。其思想基础为，在古代欧洲、伊朗高原及印度农业文化中，降生、死亡与再生的生命循环说，一般被认为是对自然的农业周期的一种复制。这也是毕达哥拉斯灵魂转世观的时代基础或历史根据。

毕达哥拉斯据说造访过米利都的泰勒斯，甚至有资料说明他曾尊泰勒斯为师，无论哪一种，泰勒斯将灵魂比作磁石的思想，一定对毕达哥拉斯产生了精神影响。磁石被认为具备一种灵魂，就因为磁石有引发运动的能力，由于只有具备生命的东西才能引发运动，因此，磁石就应当具备生命所需的灵魂。磁石能有灵魂和生命，别的一切活物为何就不能有灵魂和生命呢？所以，灵魂者，区分死活之要素也。这可以视为毕达哥拉斯灵魂转世观的理论基础。

谈及灵魂转世，毕达哥拉斯不仅仅要为克罗顿人提供一个更加乐观的来世前景，更主要的是人要为在此世的一言一行负责。因此，他不仅认为万物有灵，而且还认为人们得到的口腹之乐、房事之乐，也都要归之于灵魂的活动。而且，像爱恨情仇、喜怒哀乐、荣耀与羞耻之心，也都源自人的灵魂，而这些强烈的情感欲望，却是人在此生可以控制与约束的。因此，灵魂力量的强弱，就与人在此生的道德力量关联起来，由此就会产生对于行为克制与公义之心的重要认识。

既然灵魂与道德有如此关联，显然，思维与筹划等智力行为，也一定与灵魂相关。至此，毕达哥拉斯已经说明，人的一切言行、人的一切精神活动，都与灵魂脱不开关系。灵魂的消失，显然就不单指人的生命的不复存在，还指与人的生命相关的一切生命活动及功能的消失。反过来，生命及其功能的存在，也指明灵魂的存在。由此看来，能活动、能展现生命特征的植物，也一定有灵魂。正是这个原因，不仅毕达哥拉斯能够回忆起自己的前身，同时代的许多思想家也曾有过类似体验，比如恩培多克勒就认为，他前世分别为草，为鸟，为鱼。

毕达哥拉斯最关心的是人（或类似人的存在）死后的生存状态，这个脱离了肉体的灵魂持续的存在如果必须有意义，对于一个人真实的身份至关重要的某种生存状态、活动以及行为，就必须与灵魂产生关联。正是这个原因，色诺芬尼才会在他的著述中记载这么一件事情，说有人用鞭子抽打一条狗，毕达哥拉斯从旁经过，可怜那条狗，便说："别打了，我听出这呜呜哀鸣里有我朋友的灵魂。"就是说，毕达哥拉斯听到的，是他的友人的灵魂在发出"呜呜"声。反复提及毕达哥拉斯灵魂观的赫拉克利特还对灵魂进行干湿区分，即是说，灵魂与物质并不存在彼此对立的问题。唯一的差别，可能只在构成灵魂的材料如气、火与构成其他有形物质的材料在纤细程度上有所不同。在这重意义上，灵魂的存在显而易见，不容置疑。

但是，关于灵魂在人死之后的去向问题，毕达哥拉斯显然明白，有很多人并不是很确定的。正如柏拉图后来在《斐多篇》中所记述的："您所说的关于灵魂的那些话，人们觉得很难相信。人死之后，灵魂出窍，出了窍的灵魂就不再存在了，或如灯灭，或如气散，哪里都找不着。"如果这样把灵魂看作依附于肉身却在人死后如气如火如雾如烟地消散的附着物，那么，不仅人的灵魂是从属于肉身的，为肉身所主宰，而且灵魂显然就是比肉身更容易消亡、更游移不定的东西了，而我们生而为人最大的一个担忧，便是代表真实自我的灵魂在肉体崩解后不复存在。为此，毕达哥拉斯必须确立看待事物的新方法，他必须把看待世间万物的新眼光传达给克罗顿人。

毕达哥拉斯把他融汇古埃及与古巴比伦宗教中关于灵魂的理论的精华透露给几位嫡传弟子。尽管现在并没有他坐而论道的详细记载，但是，根据荷马时代的灵魂观到柏拉图灵魂观的过渡内容，完全可以推导出毕达哥拉斯论说灵魂及其转世过程的大致情形。

"世间万物，无非有情无情两种"，毕达哥拉斯说得声如洪钟，"无情的事物没有情感、气息可言，没有生命的物体，它们并非来自生命，亦不可给予生命，它们永远都是无生命的存在物。风之来，雨之去，雾之浓，雪之厚，这些没有生命的物体并无感应，因为予取生命的灵魂与它们没有关系。

"而有情万物，则是大大的不同，神灵按照数的原则创造出来的生命气息，就是亘古不变、不可分解、永不朽坏的灵魂。灵魂乃是定数，天地翻转，万物流变，灵魂却是守一，是持存万世、流转不息的状态。有情万物因灵魂而有生命，因灵魂的离弃而失却生命，脱离了灵魂的肉身，即如无情万物同样经历崩解朽坏。

"灵肉的关系，体现的即是这个宇宙的本质关系。宇宙的本质是数，数的原则是构成宇宙有形无形万物的根基。凡人可见可闻、可感觉到既存在又不存在的个别事物，实质上皆为假象，只有数才是绝对永恒和不变的。这个不变的数的概念，只有在神秘仪式的洗礼后，才能通过特别的智慧推测出来。

"譬如园中的这棵橡树，不仅它与邻家那棵橡树大为不同，尽管都称为橡树，而且，它们都从彼此不同的橡子中生长出来，而橡子中原本含有的，就是一与多的宇宙精神和数的美妙。在大树小树、高树矮树、这树那树中，树是一，但树却又是宇宙中的多，它与草，与山，与河，与石又构成更大的一中的多。

"就是说，凡人眼中是物的世界，而我们穷究真理的人眼中的世界，却是不同的世界，可以感受到的世界和虽然看不见却可凭借智慧或理性推断出来的世界，即是数的原则的世界，这个数的原则的世界，只有通过神秘的领悟方式去慢慢接近，而大千万千世界实有的存在，是对这条数的原则的分有或模拟。即是说，可知的世界与可感的世界是两个不同的世界。这个可以朽坏、变动不居、此一时彼一时的世界，实际就是天上那个亘古不变、纯净无瑕的原则世界的影子。

"具体而论，那个数的原则，又细分成诸多不同等级的观念的世界。有世人可以模拟制造的器具的观念，比如桌椅用具，有凡人用以认识世间事物及其道理的方、圆、角、度、长、短、大、小等的观念，还有灵、神、美、善、绝对、崇高等的精神观念。这些万世不易的观念，才是真实的世界，才是构成可感世界的真实本原，它不因斗转星移而变易，亦不随海枯石烂而终结。这只那只猫会死掉，这条那条狗会死掉，可是，依附于总体的猫性之上的灵魂却不会死掉，寄存于整体的狗性的灵魂却不会死掉。眼耳可视可闻的有情世界可以整体消亡，仍然不妨碍灵魂的持续存在，因为另一个有情的世界会立即重现，可以按照原有的数的原则复制出来。

"但凡有情之物，包括植物在内，皆以灵魂的在场为标志，而这个灵魂，却远不止是主掌我们对外部世界的反应的那部分意识。意识是对外部世界的知晓，而灵魂却远远大于它。灵魂是我们生命存续所必需的，更是我们生命之中每时每刻掌管情感、欲望与意志的主宰。灵魂使我们每个人与另外一个人有所不同，不仅是来历与命运的不同，还是我们彼此交往中最显明的部分。我们知晓世间的某些事物，是因为有共同的智力要素可以共通，我们能够推断某些观念的存在，是因为我们就是观念的产物，观念与观念之间，就存在着永存不辍的精神联系。

"诸弟子可能会问：纵使灵魂存在，你既然不能够证明灵魂的确不可毁灭，那么，人在死亡到来时，其灵魂仍然能够持存下去，就一定是愿望大过现实吧？

"而我要说，我的确不能证实灵魂不可毁灭，但你们所说的证实，在观念的世界里是行不通的。世间万物，有太多东西不可以用经验加以证实。经验证实火是烫手的，可是，火与它的热，都是它自身的本性，与人类的感觉并不相干。火热对人手是烫的，对石头却不是如此，对空气也不是如此。观念的世界，是纯然洁净的世界，而有生老病死、喜怒哀乐、悲欢离合的物相的世界，只不过是对这纯净世界的模仿，是影子，影子的悲哀，怎么可能视为真实的悲哀呢？

"再说灵魂。灵魂是众多从一生发出来的多，是多之一，对于有情万物而言，它又是多中之一，万世不劫的有情万物，总是以灵魂的附着为存在的第一要素的，因此，这也是多中之一。灵魂掌管我们的理性、精气与欲求，它实际上就是由这三者构成的。有情万物得以存在，进入实存，莫不以灵魂的先在为条件。所谓形式与实料的结合，即是灵与肉的结合，实料与其他实料、实料与实料自身的各项功能相互的作用，皆借着灵魂运作与发挥，没有灵魂，即是没有生命，也即是没有灵巧的有情之物在世间的一切展现。我们吃喝拉撒，我们吐故纳新，我们推测判断，我们嬉笑怒骂，都是灵魂使然，都是我们这种具备合适结构与复杂度的有机体在合适条件下纯然的功能与作用。没有灵魂，这一个与那一个便无分别，高与低、小与大、善与恶，就没有比较鉴别了。

"世间有蒙蔽之人，以为灵魂是依附于肉身的次要之物，皮囊肉袋样的形体崩解，灵魂便随之气散，雾化，烟消，这是何等浅薄鄙俗的见解！怎么可能有模仿的对象，反倒不及模仿者自身完美的事情呢？怎么可能有影子比镜子反射的实存更为真实的事情呢？君不见山曾崩，河曾干，沧海又变桑田，何曾见那山、那河、那水、那田的观念也随同灭亡的事情？这山没有了，那山还在，这河干了，那河还在流。纯净无染的观念世界，永远都高于变动不居的世间万物。万物皆数，实则为万物有数。

"东方有贤达之人，早见出观念的实存之妙。形象的世间，恰如朝露之暂现，佛界净土，莫不是观念的本原。源自观念世界的灵魂，本不是世俗之人误以为的孤魂野鬼，漫无目的地飘浮于糜暗之所。灵魂进驻此身而非彼身，皆是数的定命使然。你我的前身，或寄居于一棵树木，或暂居于一枚虫卵，或托生于一只飞鸟，或纵情于半人半神的英雄，或此或彼，皆有一个目的，这目的便是在遍览世间之苦后，重归纯净无虑的观念世界，超脱流俗的苦恼。故此，鲜见方才脱离人身的灵魂，立即再寄居于另一人身的例子。即使如此，我们也可以力求尽快地回到真实的自我。

"色雷斯的先哲亦有相同高见。相较短暂囚禁灵魂的肉身而言，灵魂是何等高尚、神圣和历久不衰的存在，灵肉的相互制掣，正是相互的磨炼之必需，永生不死的灵魂，终究是要攀越肉身的羁绊而奔向自由的去处。肉身崩解之时，正是灵肉盟约的终结，肉身朽坏，灵魂却自有高洁的去向，这便是观念世界的奇妙之所在。由此可见，灵魂的数目原为定数，寄居之所却并非如此，有情之物的降生，分明是灵魂选择某一寓居之所，其自身并不意味着有任何新的灵魂因为降生之乐而有所加增。有情万物的生灭，只是灵魂辗转现世的契机。

"来世之可期，正在于灵魂之先在。千差万别的各个灵魂所从出的普遍圣灵，有如天体谱出的天体之乐，它构成宇宙的法则，也是完美的数学比例。分有圣灵的各个灵魂，即是这样一种和谐体。故此，我们在此求知，实则是一种前世回忆，而我们展现出来的兄弟之爱，只不过是希望重新得到曾经有过的善的渴望。人毕其一生精力所要得到的，莫过于对自我与真相的回忆，从而摆脱束缚我们的不智与狂乱之枷锁。智慧之士，就是像我们这样发奋守则，谨慎从事，从而把握住更多可以选择来世的机会。

"既如此，要摆脱牢笼，奔向自由，就要向爱、同情与怜惜的有情本能靠近，切不可伤害寄居于其他有情万物之中的灵魂。素食不仅会避免犯下吞食灵魂的大过，还能让我们目清脑明，神智健康，利于贴近至高的圣灵。"

毕达哥拉斯的这一番说教，与公元前 1500 年的《梨俱吠陀》要义相当。我们无法勾勒那神秘教义的传播途径，但是，灵魂转世的学说在印欧语系中的广泛流传和盛行，应当与印欧语言的传播路径有所关联。众所公认的是，毕达哥拉斯是第一位对灵魂转世说进行哲理化的思想家。从中可以看到，他关于万物皆数、可推测的观念的世界与可感世界的映射关系，作为观念世界一员的灵魂不朽的学说，与后世希腊哲学中柏拉图的理念论和亚里士多德的形式与质料说皆有密切的传承关系，尽管在灵魂的本质究竟是物质的还是无形体的看法上存在差异。我们可以看到，苏格拉底关于美即德行、求知即回忆，都是在毕达哥拉斯灵魂转世说中有所昭示的。在柏拉图那里形成系统的哲学解说的灵魂不朽论及灵魂转世说，对后世西方哲学的影响持续至今。

今天，尽管包括物质与反物质和量子理论在内的各种解说纷至沓来，可是，人类仍然没有采集到无可争议的、来自已知的已死去的人的、能被人或仪器所感知的任何信息。然而，哲学史上这一无可争辩的难题，并不会因为经验证据的缺乏而失去魅力。在毕达哥拉斯的时代，灵魂转世说给大希腊世界，尤其是克罗顿人多大的安慰，是我们今天难以想象的。

第 4 章

万 物 皆 数

寻访米利都

毕达哥拉斯寻访米利都的故事，版本不一，叙述各异，众多传记作者都认为他曾师从泰勒斯。米利都为通向美索不达米亚和埃及的要津，毕达哥拉斯造访这座历史名城应该不属于意外事件。安那托利亚西海岸线上的这座古希腊城邦，因它拥有一大批思想家而闻名希腊世界，米利都学派的思想成果，一定随着往来的商船被带往四面八方。

跟其他轴心文明一样，米利都的思想家最早关注的就是世界的本原问题。被称为希腊哲学之父的泰勒斯，早年就是游历他乡的商人，他的精明不仅体现在预测天象，从而在榨油机上大赚一笔，而且还在于他将主要的精力和兴趣集中在超凡脱俗的务虚事务中。眺望米利都的海岸之外，回想他走过的重重海路，蓝天之下，水的世界恐怕给他留下最深的印象。

万物源于水，最后复归于水。现象的世界，就在这个流动不居的循环中体现出运动的本质，还有流变的过程。当然，泰勒斯所说的水，并非我们日常生活中所言的河水、海水，而是抽象意义上的元素，与火、土、气等元素并列。流变、运动、蒸腾、起降，这就是水元素的根本，从这重意义上看，一切流体而非固定不动的东西，皆可视为水元素，比如地底翻腾不止的熔岩。

泰勒斯的推测，一定让从学的毕达哥拉斯惊讶不已，因为在米利都哲学兴起之初，人们都以希腊神话中的创世传说作为蓝本。起初有混沌神卡俄斯，卡俄斯生地母该亚，该亚又生天神乌拉诺斯，再与自己的儿子乌拉诺斯结合生了六男六女的十二泰坦神族。对于泰勒斯和毕达哥拉斯这些游历丰富，又具备高超思维能力的智慧贤能之人而言，神话显然不足以解释天地万物的来历。简言之，这是从物质概念探索世界本原的最初尝试，也就是我们今天所说的科学思想的发端。

一起师从泰勒斯的，据说还有七贤之一的阿那克西曼德，毕达哥拉斯与学兄学弟的交往，一定使他对本原说了如指掌。阿那克西曼德不仅用制造日晷和绘制最早的古代世界地图的惊人天才令毕达哥拉斯震惊不已，而且他还提出了自己的世界本原说，就是阿派朗，或"无限者"。这个无限者的观念，凭毕达哥拉斯的智慧，要比泰勒斯的世界本原论高明得多。如阿那克西曼德所质疑的，假如水是世界的本原，那就要解释这种水元素是如何演化成世间万物的，这种水元素与其他已知元素比较起来有何不同，而且水元素本身作为一个实体，其存在也必须有所解释，即必须有一个来源。故此，阿那克西曼德便提出，作为世界本原的东西，一定不是我们所知的任何一种元素，也不是我们尚且不知的任何实体，因为一切事物、一切实体必有一个开端，有开端就必须要解释，所以，只有"无限者"这么一个概念，才可能是世界本原，因为无限者从逻辑上来看不需要一个开端，亦不需要有一个终结，世间一切有形万物，开始于这个无限者，毁灭之后再复归于它，这就是人所经验到的现实世界。

在这个世界本原的问题上，毕达哥拉斯看出，阿那克西曼德之所以选择纯粹抽象的无限者概念，而不用任何一种实体，是因为世界本原一定与可感知世界明显的恒久运动有联系。任何一种单一元素的存在，假如它有创造生发万物的无限能力，其他元素便无法存在，因此也不可能产生运动。运动，从另一个角度看，就是各元素之间永恒不息的"相互补偿"：阿派朗即无限者，它无限、永恒、无尽，包围着一切世界，而我们的世界也只是诸多世界中的一个。"万物由之而生的东西，消灭后复归于它，这是命运规定了的，因为万物按照时间的秩序，为它们彼此间的不正义而互相补偿"，这就是说，有一种必然性或自然规律在永恒地校正元素之间的平衡，而正义的观念，即不能逾越永恒固定的界限的观念，是任何一种平衡所必需的，就连奥林匹亚山上的诸神，各自也要遵守一定的法则，而这个校正者，正是脱离了实体限制、无始无终的无限者。

让毕达哥拉斯茅塞顿开的，还不只阿那克西曼德这样宏大深奥的无限观念，而且还有他对宇宙作为一个可理解的实质整体的观念，因为这与希腊神话中混沌错乱的宇宙观针锋相对。一个可理解的整体，就意味着有起源，有发展，有运动，可观测，这样的构想，便是从纯净的无限者演化出繁杂有形和可感世界的模式，而命运或正义观，正是调节万物生育发展、维持可见秩序的合理与必要力量。

毕达哥拉斯与另一位贤哲阿那克西美尼之间的关系不甚明了，一说后者是阿那克西曼德的弟子，一说是同学。但是，阿那克西美尼提出的宇宙气成说，也对毕达哥拉斯产生一定影响。气成说认为，气乃万物之源，不同形式的物质通过气的聚散而产生，而火则是最精纯或稀薄化了的空气。在自然界，诸多风雨雷电现象的形成与发生，都可归结于气的作用，而在人世间，这个气虽然并不能成就一切，却可以进入人的灵魂，掌控人的意志、欲望与情绪。这个气成说，显然跟后世基督教的灵魂说有很大的关系。

然而，毕达哥拉斯看出，米利都的贤哲尽管有着震撼人心的惊人智慧，却都执迷于一种纯粹实体的一元论，无法在有形与无形的实体世界里勾勒出最本质的联系与相互关系。这种一元论的本原说，并不能真正化解一与多、灵与肉、运动与静止、有限和无限之间的根本对立与统一。更重要的是，它无法为现实的人类在生死焦虑上提供现实可行和有价值的指导，所以必须找到更坚实的原则或理论基础，在其上建立真正稳固的不朽意识、纯净的观念世界和道德的价值系统，解除世间有情万物的现实烦忧。

闭 关 冥 思

有不止一个传奇说，毕达哥拉斯曾在较长时期里隐入山洞。有的说，他这么做是欺世盗名，制造假传奇。他遁入地下，却由其母亲将地面发生的人事、时事详细记录下来交给他，以便让他在长期消失后，还能说起家乡发生的大小事件，成就圣人的江湖骗局。但更合理的解释是，在萨摩斯岛的僭主波吕克利特治下，像毕达哥拉斯这样一些学识渊博却不肯同流合污的高洁之士，迟早会遭到统治者的报复和毒手，因此只好潜入山中修行，远避人祸。在萨摩斯岛上，至今还存留着一处山洞，据说就是当年毕达哥拉斯刻苦修行的处所。

隐修的内容，现在无从考察，但应当与他对米利都自然哲学的研习相关。当日在米利都，哲学的思考主要集中在对自然的探究上，也就是：如果不是希腊神话中描述的情景，如果不是《荷马史诗》中勾勒的世界图景，那么，这个自然世界的起始一定与某种或几种元素相关。除开这本原之外，当然也就有一个必然的问题——纯净的一，如何演化成繁杂的多，而这是所有极目宇宙者共同思考的一个难题。

从日常经验中可以看出，为一的东西，就不能是多，反过来亦然。但是，到底有没有什么东西可能既是一，又是多呢？其实质问题是，这世界是单一的还是复合的，是连续的还是非连续的。

首先，泰勒斯所说的水，作为一种元素，它显然不是构成岩石的物理原因，更不是火的成因，同理，阿那克西美尼所说的气，也不是宇宙有形万物直接的构成元素。在水、火、土、气四元素同时存在的情况下，它们显然不能彼此替代，尽管可以相互转化。无论宇宙万物是否出自这其中的一个或几个元素，或者是这几个元素的组合，如果这些元素必须符合逻辑规律，那就有至少两个问题：一是，这些元素自身源自何处；二是，这些元素如何构成宇宙。毕达哥拉斯端坐洞中，想必是从米利都的这些贤哲在有定形的世界起源与无定形的世界起源的思索上开始的。

其次，当阿那克西曼德说宇宙成于无限者，这个无限者又是无始无终、无形无嗅、无来无去、无大无小的实在，他实际所指到底是什么？

更要紧的是，他们说的所有这些元素，包括无限者在内，都必然具有某些可描述的性质或属性，还有各元素及所成事物之间的相互关系、数目、比例、结构等，这些无形的关系、属性、数目、比例、结构，与时间或空间有无关系？如果有，是什么样的关系？如果这些属性、数目、比例、结构和关系仅仅因为人的存在而实有，它们会随着人的消失或不在场而消失吗？没有人去摸石头，石头可能不存在冷不冷，但是，即使人类灭绝，尚存的鱼类会感觉不到河水泛滥或即将结冰吗？

换言之，我坐在这块石头上，感受到石头传来的凉意。我和这块石头的存在固然不存在问题，但是，这个凉意是怎么一回事？它是这块石头本来的性质，还是因为我的存在与接触？这块石头的硬与凉意，固然可以因为不同的人而得出稍有差别的不同感觉，但石头有软硬，有凉热的性质，难道也会因为体验者不同而完全消失吗？又或者，假如出自谁也不清楚的原因，这块石头和我周边的石头突然消失，石头的概念及其软硬温凉的性质也会突然消失吗？

毕达哥拉斯走出洞外，抬头仰望萨摩斯岛上空灿烂的群星。

那些没有人居住的群星，也会有我们这里的石头以及石头所隐含的软硬温凉吗？如果没有，那是什么样的其他性质依附其上呢？或者它们没有人类所知的任何性质？

对了，什么叫人类？

毕达哥拉斯猛地醒悟。我们所说的石头，所说的星星，所说的人类，到底是什么意思呢？星星我们不知，但有两块完全一样的石头吗？有两个完全一样的人吗？当我们说石头、说人类时，所指的到底是什么？

我毕达哥拉斯显然不是泰勒斯，泰勒斯显然也不是我毕达哥拉斯，但我们都会被他人称作人，显然是因为我们共有某些性质、某些特征，因此不会被人称为石头或星星。可是，我们这些被人看出来的特征、性质，在同样有生命的蚂蚁或鱼的眼里也是同样的实在吗？它们看到的，是同样的人性、石性或星性吗？它们也像人类一样，从一块具体的石头、一颗具体的星星、一个具体的人、一阵具体的凉意中，总结抽象出共同的概念来命名它们看到或经验到的事物吗？

山风吹来，让毕达哥拉斯感受到与石头传来的类似凉意，他已经长得很长的胡须随风飘动。

可见，我们想知道的世间万物的奥妙，与我们作为人自身的一切密切相关。蚂蚁和鱼可能有它们的世界观，但人的世界观必然与人自身如何认识自身和自身之外的世界的方式相关，在我们无法确切知道的时候，又与我们的信仰系统相关。假如我们的五官感觉能确知世界（这显然与事实不符），那就没有这样的困惑了，如果不能，什么东西能替代经验呢？是什么东西使我们的推测基于其上的信仰本身不会出错呢？

那么，无论是否能够经验到对象，当我们说这些抽象的对象存在的时候，这个存在本身是什么意思？它们是不在时空之中，也与因果关系无涉的那些对象吗？

我们今天知道，毕达哥拉斯在埃及与巴比伦和希腊世界的游历，大大开阔了他的眼界。他当时思索的问题，事实上就是后世所谓的哲学基本问题，是思维与存在如何统一的问题，是认识论的问题，更是灵命的最后归属问题。理性与信仰、哲学与宗教，在他的思考中有机地结合成一体。可是，这些问题的解决，最终如何就导致了"万物皆数"的结论呢？

萨摩斯、米利都皆为面朝大海的沿海城市，这里跟尼罗河与底格里斯河或幼发拉底河一样，丰富繁杂的水意识，不可阻挡地回映于所有思考者的脑海。站立山顶，毕达哥拉斯轻易就能得到海天一体的美景，在这美景之中，他无法不体验到宇宙人生奇妙的结合，无法拒绝弥漫而来的秩序意识，这种美、善、和谐与秩序的结合，自然引导他在追究自然世界的起始时，思索一种高于这一切美善和谐观念的创造者。

凭借我们的日常经验，那些易于损毁朽坏的，莫不先具有形体。无论朝生暮死，还是历久常在的万千事物，既然有一个形体，它就一定潜含着起始与终结，因为有形体的万物皆可归在时间、空间范围内，它们的起始有一个根源，它们的结束却不一定要有明确的原因。我们的五官所能获知的一切感觉，包括在此之上提炼出来的四大元素，都可归于一个"物"字。凡物有根，有根必朽。

可是，我们用于描述这些必然朽坏的事物的概念，就是我们用语言来描述的事物特性、相互关系、比例、尺寸、顺序等，却不是如此。桌子会朽坏，桃花会凋谢，可是，桌子的概念却不是如此，桃花见证过的思念却不是如此，桃花与门后的人脸却不会轻易消失。

再者，在这些描述有形事物的概念之上，还有更高级、更抽象的观念明显存在，它们是形式、美善、和谐、幸福、永恒等。那些朽坏的事物可以不在场，用于描述它们的概念也可以不在场，但是，脱离时空与因果关系的这些高级观念却在无时无刻地激励我们。这就是纯净美好的理念世界，超脱生死轮回的现象世界的理想境界。

这理想世界的美好，如何就能让人得知呢？这就是我们人的灵魂的特别之处了。人的灵魂潜藏着前世的美好记忆，在它无论寄于植物、动物或其他有情万物的时候，都保存着对于这个美好理念世界的亲切回忆，这是我们身之为人为物能够有所期盼的终极根源，是让我们历经千辛万苦而不退缩的灵魂动因。

所以，这个千变万化的有形世界，一定出自比物质更高的另一个来源，甚至是比理念的概念更高的一个出处，一个纯粹高洁的精神之所，一个万世不劫、恒久不变、自我圆满的至高理念。它应当是一，是众多所归的一，是演变出众多的真一，是万物起始于它又复归于它的真一。

这样，从米利都有形体的本原和无定形（无限）的观念出发，毕达哥拉斯走向了无形却不是不确定的最高理念。无定形的起始者纵然接近创造者的本性，但必要规定性的缺乏却使人堕入云雾。大千世界数不尽的事物按照确定的连接方式形成我们可见的宇宙，这就是我们说的和谐与秩序。可见，没有这样严格的规定性，那就是奥林匹斯山上众魔的混沌，与我们眼前整齐划一的世界的事实不符。

然而，这个自足完美、恒久不变的真一，如何就使灵魂越过繁乱世界的迷雾而见出实有的秩序的呢？

至此，毕达哥拉斯已经踏进"万物皆数"的门槛了。他回想起在吉萨看到的高耸的金字塔，在巴比伦的空中花园看到的落日光辉，在米利都翻滚的海浪上见到的天国的银光。

是的，这伟大神圣的真一，它不仅给予每一颗灵魂以寄寓的肉身以及配给肉身的五官感觉能力，还给予这灵魂以认知真谛的理性，这理性会在繁乱的感觉经验之上建立起通达前世回忆的秩序、结构与关系的世界。在万物、理性、灵魂与真一之间，只有一个东西是能使它们连接起来的，那就是数，是数量，是数量关系，是数所隐含的和谐、秩序与对立统一的宇宙法则。

埃及、巴比伦和米利都的先师都没有看到这一层，那是因为，经验和自然的枷锁重重地束缚住了他们的智慧，使之无法构想超出时空及因果关系之外的事物，以为经验世界之外，人再不可能有任何能够确定的知识或了解，亦不可对这些推测出来的事实与关系建立足够的信仰，首先是因为这些事物看不出明显的因果关系，其次又因为这些事物不在人习惯的时空之内。

神圣伟大的真一缔造了合适数目的灵魂，它又为灵魂的轮回转世提供了回家的路径。这个一与多的转换，是为痛苦后的欢乐提供指引，是为有限的劫难提供无限幸福的灯塔。灵魂能识别这个那个、这些那些、这里那里，全然是因为真一的事先规定，灵魂在秩序和谐的宇宙里体验永生不死中的变化流转，通达与神圣分享幸福的终极目的。从真一流溢出点，从点生发为线，从线构成平面，从平面建造立体，从立体构成元素，从元素构成万千世界，灵魂沿着这样的规则路径从故乡出发，又回归神圣的处所。在这个物的世界，一直都有理念的灯塔沿路照耀，在我们失丧的时候提供勇气，在我们迷离的时候送来光明，在我们惶惑的时候提供希望，这就是被五官的经验世界时常遮蔽的真理。

单独的数目或数学并没有意义，它们只是神圣的真一给予灵魂的扶手。在最高智慧与终极神圣的真一那里，数就是创世的途径，是创世的行为中隐含着的无限理性与爱，这种体现于普遍性、概括性和抽象性当中的理性精神，让千差万别的灵魂在事物的数量、结构、变化以及空间模式上分享神圣真一的智慧与理性，在繁多与纯一中记住回家的道路。认识世界不是目的，永远都不是，而辨别回家的路，找到灵魂的终极归宿，这才是神圣真一创世的旨意所在。简言之，隐藏在时间、空间、关系、比例、大小，甚至数字等直观现象之后的，就是数后之数，即是"无限者"的抽象，即是神圣的真一。因此，在有限与无限、奇数与偶数、单一与众多、右方与左方、阳性与阴性、静止与运动、直线与曲线、光明与黑暗、善良与邪恶、正方与长方之间，我们都能看出数所代表的结构、关系与运动，看到繁多后面真正的纯一。借助灵魂不灭的信仰，世间繁难的假象会如浓雾消散，让灵魂得见恒久的天国光明。

我们所被缔造，我们所从出的那个美善的观念的永恒世界，就是神圣伟大的真一亲手营造的灵魂乐园，我们的灵魂之所以流放到这个悲惨和充满痛苦与毁灭的阴暗世界，并不是毫无目的的纯粹遭难。纯净的世界缔造出来的纯净灵魂，历经人世的苦难之后，会对那伟大神圣的缔造者的慈爱多出更深体验，会懂得珍爱灵魂的流浪中潜藏着的希望多么美妙与充满活力，让我们明白，人世间的一切苦难与忧愁不过是假象，抑或是对灵魂的考验，因为我们来世的归宿会报偿一切。彼岸的世界才是纯净美好的境界，神圣伟大的真一在一刻不停地召唤着我们。

我们因为智性的遮蔽而看不到真一的面目，我们无法就他的任何一个属性进行可靠的言说，但他缔造的那个纯净如一的世界，却可以让我们窥见他慈爱伟大与神圣的一部分尊容，还有他无上的智慧。他在一切之上，又包含着一切，他缔造却脱离一切，他拥有又居于万物之中，他没有喜怒哀乐，却是我们一切高尚情感的来源，人与万物的一切都朝向他，以他作为最后的归宿，这才是我们真正的命运，这才是一切意义的根源，这才是流转不息、千变万化的一切自然现象的终极根源。

这伟大神圣的真一给予我们足够的智慧与精力，让我们恰好能够按照充满宇宙的公正完成必需的灵魂之旅。之所以能够如此，是因为他在缔造我们的时候，让我们的心智适于体验他的智慧，让我们有通达他的智慧与仁爱的手段，即是我们人皆分有的理性。他又让自然万物遵循不易的规律，让日从东方出，让水自山上流下，让鸟在空中飞，让人在大地上行走，各循一套规律，各依一套规矩，不易零乱。他又让人遭受必要之苦，让我们在苦中学会彼此仁爱，让灵魂回归纯净天国的希望迟早出现在我们的内心，让那若隐若现的希望之光在不经意间充溢我们绝望的心灵。我们的欢笑、我们的哀泣、我们的傲慢、我们的轻贱、我们的一切，莫不在他观照一切的慧眼里，莫不在他无所不纳的耳朵里。我们虽然不是完善的肉身造物，我们与他隔着无限的距离，但我们的灵魂却不是如此，我们并非完善的肉身与纯净的灵魂结合在一起，就是他设计好的灵魂回归之路，我们的灵魂会在天国里围绕在他左右，像真正自由的鸟儿飞翔在高空，在那纯净如一的灵魂乐园里永享天赐福乐。

这就是太阳一样真一的光芒，它会在迷雾之后照射到每一颗失丧无望的悲苦灵魂，在肉身包裹的灵魂里，在为凡胎所困的囚笼中，我们的信仰会将我们引向他的方向。因为这信仰早已植入我们灵魂的深处，或是这一站，或是那一站，这信仰的力量会在我们流转的灵魂之旅中唤醒我们，重新踏上回家的路。

即便是在污血之中，即便是在彻底的无望之中，总也会有一股神秘的力量能够激发起我们的信心，让我们在生老病死的挣扎中靠近美善和谐的观念世界，因为信仰会擦亮我们的双眼，让我们最终得见永恒的天光。

只要睁开灵魂的眼睛，有谁不能瞥见依稀可见的天国之光？只要张开为愚昧和迷信充塞的耳朵，有谁听不到那和谐悦耳的天国之乐？如果我们的耳目之聪还不足以让我们看见充斥宇宙的和谐、秩序与美妙，那我们的信仰之眼一定会唤醒我们沉睡的灵魂，看到存储于回忆之中的前世的美好与来世的荣光。

修 成 正 果

　　毕达哥拉斯是发明，或至少是最早使用现代意义上的数学家、哲学家和灵魂转世概念的学者；他还发明了表示"秩序"的宇宙一词，用以指称人类所知的世界，因为他认为这个世界有着完美的和谐与排列。他提出的"万物皆数"观念，结束了古希腊自然哲学对于世界本原问题的探索，或者将它推向了一个高峰。在这里，多要寻找一的支撑，生灭要寻找不变的依靠，这实际上开启了西方严格意义上的宗教哲学先河。在后世，一方面经由柏拉图以理念论的形式贯穿了毕达哥拉斯的灵魂转世学说，另一方面，由亚里士多德以形式质料说将毕达哥拉斯学派的理性精神转化成了西方自然科学的探索。从这方面看，"万物皆数"是对早期希腊哲学各流派的高度提炼，是米利都自然哲学的集大成，又在比如存在与思维同一等哲学基本问题的探索上打下了理性与信仰双重的根基。

　　首先，毕达哥拉斯没有直接从米利都的世界本原探索入手，而是遍访埃及和巴比伦，而埃及和巴比伦的出世哲学或超越观念不是服务于人的此生，而是服务于来世，服务于人灵命的安康，就是现代人所谓的如何克服生的焦虑与对死亡的畏惧。埃及文明和巴比伦文化，都让毕达哥拉斯看到世人对生死的终极关切，从而要找到安顿灵命的最佳理论与途径。可以把这样的探索看作他作为一个社团领袖的精明过人之处，作为其领袖气质的一部分，但更重要的是，毕达哥拉斯本人并非没有同样的焦虑与关切。在今天，灵魂的存在，灵魂转世的可能与路径，已经被越来越多人淡忘、质疑与否定，经验科学让人越来越深重地堕入重今生而轻来世的肤浅之中。然而，自爱因斯坦重新定义空间、时间、物质及运动，揭示出物质和能量的关系，说明整个宇宙中的物质和能量的守恒定则以来，灵魂的光亮重新燃起，人们究竟还得在外太空的一团漆黑中寻找人生意义的光明，要看出灵魂的归宿何在。

其次，毕达哥拉斯揭示了米利都哲学探索中的确定因素，即将这宇宙及其本原明确表述为合理性的秩序。没有永恒，没有理性，没有设定的目的或目标，没有创造者与被创造者之间可能的和谐与理性的分享，任何探索都不仅没有可能，而且还将是无意义的，不是像希腊神话一样从混沌走向失序，就是像埃及与其他文明一样迷信泛滥。这样，从数量的规定性中体现出来的理性，就是人神能够沟通的唯一可能，尽管我们对这个圣神不可进行确定的言说。这也就是说，思维与存在是有同一可能的，这个同一的基础便是弥漫天地人间的理性与秩序以及作为其结果的和谐。这一思想既强调了信仰的重要，至少对消弥或减弱人生精神痛苦来说是如此，又以无论是泛神论、自然神论或理神论的形式保持住了理性的冲动，使西方宗教哲学与自然探索高度结合起来，使人在对自然奥秘的探索中保持住对无限美好的天国的向往与期盼。

再者，毕达哥拉斯确立的十对范畴，虽然还不是明确的对立统一辩证法的表述，但是，已经生成的胚芽使后世的学者轻易就能传承生发，系成大统，表现为赫拉克利特理解为普遍原则或必然性的逻各斯以及朴素辩证法。在解决一与多、多与一的经典难题上，毕达哥拉斯引入了真一或终极存在者的观念，从而演变成普罗提诺的太一说。神圣的太一生出理智与灵魂，之后生成可感世界中的万物，包括灵魂在内的万物最终回归太一，完成一与多的轮回或转换。

最后，最为重要的是，虽然毕达哥拉斯或其流派以数学研究闻名于世，但他们开启的并不仅仅是一个自然探索的事业。毕达哥拉斯并非第一个发现勾股定理的人，埃及人早在千年之前便已得知此理，但他是第一个想办法证实此定理的人，这在西方科学史上是极其重大的一步，将证明的观念引入算术或几何研究，就是将演绎法引入科学的开始。结果，后世的数学与其他学科不再是仅凭经验的简单总结，而是包含巨大力量与崇高之美的逻辑结构。然而，毕达哥拉斯最重视的不是数本身，甚至不是数学，亦不是我们今天所说的数理逻辑，他的数指向神秘的理性本质，指向神人沟通的桥梁，指向终极的人生意义和生死关切，指向灵命的最终安顿，这与纯粹数学家想要解决的具体的数学命题不可同日而语。研究数的目的不是实际应用，而是揭示数的奥秘，探索宇宙的永恒真理。

由于在古希腊哲学中引入了无限者、终极存在者、纯净的观念之国、灵魂转世等概念，毕达哥拉斯哲学实际打开了破解许多哲学难题的大门。回顾前苏格拉底希腊哲学的主要问题，让我们更清楚地看出毕达哥拉斯哲学的重要意义。

在以爱奥里亚的米利都哲学为代表的自然哲学中，毕达哥拉斯敏锐地看出阿那克西曼德的"阿派朗"即无限者的重要性，那是希腊人第一次将注意从可见可感的经验世界转移至只能凭智慧推测出来的一个理想世界。毕达哥拉斯完善了这个无限者的概念，配以包括灵魂与其他观念在内的丰富的观念世界的内容，使附带有可感属性的无限者完成从纯净的观念世界到不甚完美的自然世界与人间世的创造可能，逆向地看，这就使得人生有了更大意义，使无序、痛苦、无望得到了天国的指引，使灵魂的轮回得到理论上和信仰上的支撑。这样的解说不仅满足了他作为社团领袖的现实需要，也从宗教哲学的根基上为后世一神论宗教的形成、发展与完善提供了理论框架。这就是以毕达哥拉斯为高峰的古希腊哲学最显著的特征：必然性、神圣性、有机性和整体性。

毕达哥拉斯通过"万物皆数"的主张揭示出来的理性之神，使自然哲学的探索立即转化为对存在本身的探索，其直接影响的例子就是克塞诺芬尼以及他关于神、万物生成及对真理的认识。他的"全视、全思、全听"的唯一神，指向的就是这样一个永恒不变、主宰一切的终极存在。因此，作为其学生，巴门尼德立即就将古希腊哲学对于存在的探索推向另一个高峰。

毕达哥拉斯说"万物皆数"，其实质是说，万物的本质为数，为数所代表的事物的确定性、合理性和稳定结构，为神人之间、灵魂与唯一神之间、纯净的观念世界与人的变动和易于朽坏的凡俗世界之间的确定关系，以及数所代表的一个永恒、无限、不变、美善的观念世界及其缔造者，也就是那个最高理性的唯一神。其要义为，这个世界是和谐的，有规律的，因此也是可认识的，其基础就是这个唯一神赋予人类的理性，或灵魂对最高理性的分享。千变万化的自然现象，都指向这个稳定的和谐秩序，具体表现为数与和音的关系，数与几何图形的关系，数与天体运行之间的关系，这构成古代西方启蒙教育的四门经典学说：关于数的绝对理论——算术；关于数的应用——音乐；关于静止的量——几何；关于运动的量——天文。

而在巴门尼德那里，这个数的本质直接就演变成为存在本身。他在《论自然》中提出，要把研究的眼光从纷繁杂乱、变动不居的自然现象转向常住单一的本质，因为只有研究本质才可能获得真理。他的存在就被定义为：1）存在是唯一、连续和不可分的；2）存在是永恒和无生灭的；3）存在自身无涉运动，因为运动隐含着起点和空缺；4）存在是完满的，而且是思想的对象。在这样的定义里，毕达哥拉斯强调的数的本质，离基督教唯一神的观念仅一步之遥，等待普罗提诺用更细致的"太一"说完成三位一体和道成肉身的最后转化。

同时，巴门尼德明确提出，"作为思想和作为存在是一回事"，即是指理性认识与所认识的对象有可能同一，即强调思想与存在的同一性，这种否定感性认识而确认理性认识的基本含义，即是指明知识与对象唯一相符的前提条件是人神共有的理性。这是巴门尼德在另一个言说框架内，对毕达哥拉斯"万物皆数"的确认：数即神，存在即神，万物的来源是神，神赋予人以理性，因而，人才有认识世界的可能，尽管巴门尼德并没有这样明说。

在阿那克萨哥拉那里，这个数、存在的概念，进一步引申为"种子"。无限的种子不仅是万物之源，而且还是：1）永恒的，因为无中不能生有；2）无限的，种类和数量及规模上都是无限的；3）同类的；4）多重复合的；5）自身不运动的。这个种子论把世间万千事物的根源都追溯至一个确定不移的不动因上。

在德谟克利特那里，这个数的质点发展成为物的质点，原子与虚空在存在与非存在的区分中解释万物生成及其运动，进一步强调了万物皆数的定论对理性的强调。

在希腊哲学的后古典时期，也就是公元前5世纪到前4世纪时期，哲学的研究进入了质变阶段。研究的对象从整体的宇宙万物扩展到人和人类社会，并过渡到对社会公正、国家性质、人生意义等问题，物质意义上的自然发展成为精神意义上的本性，自然哲学演变成精神哲学，宇宙生成论扩展到形而上学或本体论。毕达哥拉斯通过"万物皆数"和灵魂转世论而进行的人生意义的追究，终于在更为严格的逻辑基础上发展起来，形成以苏格拉底、柏拉图和亚里士多德为标志的希腊哲学高峰，至今还在影响着全人类。

在哲学、逻辑学、语法学和修辞学诸学科里功勋卓著的智者派，尽管以"求胜不求真"而为后世诟病，但他们开启的相对主义与怀疑主义传统，也的确是西方哲学中甚为重要的一支力量。后世哲学家对他们的批驳，很多都基于误解之上。比如，在自称为智者的普罗泰哥拉那里，他提出"人是万物的尺度"，提出凡人对无限超越的神并不能确知，这些都在毕达哥拉斯思想中早已潜伏。"人是万物的尺度，存在时万物存在，不存在时万物不存在。"这听起来有悖常识，因为无论单个的人还是全体的人类之灭亡，应当不会影响事物自身的存在。然而，这个观点事实与他就神的属性所说的话是一致的，我们推测和经验到的神及其属性，只是人自身基于已有的经验获得的，而对于神的认识与信仰是一个持续不断和永久的过程，即人在任何一刻都不可能有对神的完全理解。同样，对于万物，我们的经验认识到的，只是事物能够为经验感受到的一些属性，我们在任何时候都无法确知万物本来的样子，这就是后世康德所描述的"物自体"。人所知道的万物的属性当然没有了，因为人感受万物的能力消失了，但物自性仍然会存在。人是万物的尺度，所要强调的莫不是理性与信仰自身各自的功能所在，理性可能认识万物，却不能穷究万物，灵魂必须借助于信仰，才能回归纯净观念的世界。数引导我们认识事物，但数不是我们的终极目的。数的背后，是一个超越的观念的世界，是缔造这纯净世界的神。

到苏格拉底的时代，希腊哲学对世界本原和抽象的存在的研究，以及希腊人对宇宙本身的关怀，一下子回到了活生生的人间，回到了人与社会、每个人在社会中承担的道德义务等德性生活的探讨。"认识你自己"和"德性即知识"的命题，以及助产及回忆等说法，从一种意义上讲，是对毕达哥拉斯基于"万物皆数"认识上的灵魂转世说的重申。要认识人自身，就是要认识心灵的内在原则，要认识德性。而心灵的内在原则或德性，是灵魂世界的最实质内容，是在纯净观念世界里缔造出来的原本的那个灵魂，以及神在创世和造人过程中均等地分配给每个灵魂的本性。在人类社会中，它就表现为伦理上的德与善。而真正的知识，却只能得自我们的灵魂对自身的认识，即回忆中昭示给我们的事物的普遍规律和事物永恒的共性。苏格拉底跟毕达哥拉斯一样深刻地意识到，一切智性的探索，皆要服从于人的灵魂的终极需求，表现为在人类社会中的美德与慈善，让困于焦虑肉身的灵魂朝向回归纯净世界的正确方向，从而解脱生的焦虑与对死亡的忧惧。

毕达哥拉斯关于纯净观念世界、"万物皆数"和灵魂转世的一套说教，在柏拉图这里第一次构成一个严密的哲学系统，后世称为理念论。跟毕达哥拉斯一样，柏拉图继承了游学传统，足迹遍及埃及、西西里岛，长达十多年，过了不惑之年才回到雅典创办学园，传播自己的游学所得。他还跟毕达哥拉斯一样醉心于政治活动，希望将一套天国人间的理论具体实施到人类社会的治理中，认为国家的理想治理者应当是"哲学王"，这不禁让人想起毕达哥拉斯的兄弟会在克罗顿所经历的一切。

为构成这个理念的王国，柏拉图首先将毕达哥拉斯尚未充实完善的灵魂细分为理性、激情和欲望三部分，让理性控制激情，让激情抑制欲望，从而构成一个有公平正义感的公民。可是，这个充满了正义感的公民灵魂，却是无限纯净的理念王国的一部分，是在高洁与低俗、神圣与平凡、可知与可感的世界之间，通过模拟与分有而构成的一个对照物，只有那理想中的神圣世界，才是所有灵魂最后的归宿。之后，柏拉图经过"日喻""线喻"和"洞喻"等比拟手段，发挥苏格拉底的回忆说，进一步详细充实毕达哥拉斯的灵魂及灵魂转世说，将毕达哥拉斯关于人的哲学服务于人的现世需求的主张发挥到了极致。

在亚里士多德这里，他将毕达哥拉斯的一切主张，全部细化为分门别类的各个论证，从实体到事物运动变化的四因，再到神学与灵魂论，集成了毕达哥拉斯开创的理性与信仰的双重传统，使希腊哲学成为与犹太—基督教超越思想和印度佛教思想及中国儒家传统相提并论的文明高峰之一。撮其要而论之，毕达哥拉斯以"万物皆数"和灵魂转世说引领的希腊哲学，一方面强调了理性在认识自然世界和人类社会当中的重要作用，并通过数的规定性远离了纯粹的迷信与虚妄，另一方面，对于灵魂及人生意义的探索使希腊哲学并没有沉浸于纯粹的自然探索中，它在理性与信仰双重的诉求中，为人类文明入世出世的双向探索树立了标杆，一直延续为今天还在继续的科学与宗教、理性与信仰的人生混合体。亚里士多德不仅在理性的求索中为后世的逻辑学、心理学、生物学和伦理学及政治学等具体学科确立了探索的模式，同时还在美善等伦理价值与系统中确证了人类精神求索的正当性，使毕达哥拉斯开创的传统贯穿西方文明史的各个阶段。

可以合理地推断，没有毕达哥拉斯学派在数与数的本质方面的求索，没有他们在灵魂转世理论上首开先河的超越追求，西方文明本可能朝着另外一个方向发展下去；没有毕达哥拉斯学派，人类极可能还在地心说的迷雾里纠结不清，自然科学可能还在相当原始与低级的层面徘徊不前。更重要的是，若没有对精神与灵魂领域的尝试，人类的自然科学研究仍然会在一条无意义的死胡同里挣扎着。今天，我们看到基督教和其他主要宗教在慰藉人的精神苦痛，为人指出来生的希望，另一方面，自然科学又在各个可能的角度为减轻人的肉身之苦而忙碌着。这个有意义的世界和相对和谐的世间现实，在多大程度上要归功于毕达哥拉斯开创的传统，这是人们必须要认真思考的哲学现实。

第5章

这是一个和谐的宇宙

数

对于毕达哥拉斯从哪里得到的数学知识，各式各样的传奇都有。比较形象的说法是，他在埃及寺院的地板上蹲着研究瓷砖摆成的花纹，看着看着就悟出了勾股定理。还有神奇的说法是，勾股定理的几何图形和平方数直接就出现在他的直观中。这当然只是众多毕达哥拉斯定理传奇中的一个版本。

公元1世纪，以传世之作《希腊罗马名人传》知名的罗马史学家普鲁塔克，为找到将毕达哥拉斯此人与以其名字命名的定理联系起来的最早说法而搜罗史料，结果在名为阿波罗多勒斯并生活在柏拉图与亚里士多德时代的一位作者的作品中找出一个故事。故事说，为庆祝著名的"毕达哥拉斯图形"的发现，毕达哥拉斯本人亲自献祭了一头公牛。普鲁塔克据此作出结论，认为这个著名图形一定就是那个毕达哥拉斯直角三角形。现在但凡高中毕业的学生，一定也能熟记 $a2+b2=c2$ 这道公式，但这公式实际的含义，却不是人人都能直观表明的。美国作家雅·布伦诺斯基在《科学进化史》（英文原名《人类的攀升》）一书中用图形直观地表现了这道公式，就是以直角三角形各边之长画出各自的正方形，斜边构成的正方形的面积，恰好就是另外两个正方形的面积之和。当初，毕达哥拉斯所发现和揭示的勾股定理，可能就是这么一个直观的图形，而非以代数方式表达的公式。由于这个图形如此直观，就算没有学过数学的人，也能一望而知其含义。而正是这个图形的简易性，可能就使毕达哥拉斯的名字与这个勾股定理的证法联系在一起，得出举世皆知的毕达哥拉斯定理。

布伦诺斯基就毕达哥拉斯定理指出，直角也许是人类最原始的本初体验："人的视觉世界基于两大经验，重力是竖直向下的，地平线与重力方向构成直角。视野里的交叉线就确定了直角的本质。"他就毕达哥拉斯的这一发现的意义所说的话，早在柏拉图对直角三角形的敬重中体现出来。布伦诺斯基说，毕达哥拉斯定理是数学史上最伟大的一项发现，这么说并不为过，因为毕达哥拉斯第一次将人类生活其中的空间的根本性质用数学原理确定下来，之后才有牛顿、爱因斯坦等承继他开创的事业。

亚里士多德仔细研究过毕达哥拉斯"万物皆数"和灵魂转世的学说，认为毕达哥拉斯早年曾热心于数字研究及算术，原本对菲瑞塞德斯这位疯疯癫癫的哲学大师提出的灵魂说抱有怀疑主义质疑态度，但稍后却开始醉心于灵魂研究。亚里士多德还肯定，毕达哥拉斯包括算术和几何在内的数学知识得自埃及而非希腊，因为公元前6世纪的埃及数学成就远高于希腊。说埃及的数学成就大于希腊，主要因为"埃及的僧侣是有闲阶层，他们有大量时间拿来观测天象、摆弄数字和算术"，并将这些知识用于河道开凿、水利灌溉、土地丈量及庙宇陵园建筑等现实事务。而在同一时期，希腊各城邦却忙于跟邻国持续不断的攻伐、抢掠与征战，对于算学与数字之术这类属于抽象思维的事务兴趣不大。

出于建筑事务中对砖石需求量的计算和土地丈量或公平分配食物的现实需求，埃及人不仅发明了十进制计数法，而且还在分数方面表现出非凡成就。他们发现，2/29可另行表述为 1/24+1/58+1/174+1/232，也可以记为 1/15+1/435，或 1/16+1/232+1/464。埃及的几何这个词，原来就是"土地丈量术"的意思，尼罗河水定期的泛滥，使得沿岸土地每次都得重新丈量和划分。毕达哥拉斯在游历埃及时得知，早在公元前1650年，这里的僧侣便已经知道圆的面积约等于其直径的8/9的平方，这个数字离圆周率已经很近（相差2%），足以应对工程与建筑之需。埃及人还得知，三角形各边若为3，4和5，则此三角形内必有直角。相传泰勒斯曾根据金字塔的投影计算其高度，这种基本的三角函数知识，一定也是从埃及人那里学来的。对于为开阔眼界而寻访埃及的毕达哥拉斯而言，这些算术与几何方面的基本知识，应当是他十分感兴趣的。

从埃及转道腓尼基到达巴比伦后，毕达哥拉斯惊异于他们高超的天文学和数学知识。事实上，巴比伦人编制日食和月食表的时间，比周遭民族早出好几个世纪。但是，巴比伦数学家在抽象领域的认识，比埃及人深刻得多，他们认为，算学是进入更高精神层面必需的宗教实践，是通达神灵的入门之礼，这一重认识对毕达哥拉斯产生了终生影响。尽管他们跟埃及人一样还没有发明代数式，因此无法以简明的表达式阐述他们已经了解的直角三角形各边的关系，但已经掌握了解二次线性方程的方法，他们甚至计算出精确到六位数的根号2的值，只是还没有意识到根号2和圆周率等都是无法精确赋值的无理数。

毕达哥拉斯还可能经巴比伦拜见过波斯的东方博士和印度的婆罗门，他甚至还可能寻访过凯尔特的德鲁伊祭司。当日萨摩斯的商业与贸易成功，很容易使毕达哥拉斯这样的学究沿商路到达这些地方。比如，腓尼基人的港口推罗和西顿，都是当日通往东方的商路，两百年后，亚历山大大帝的大军就是沿着这条线路涌入印度的。

为开阔思路、精进学业，毕达哥拉斯不惜一切手段接近掌握着无论何种门类高深知识的所有人。据说在埃及的时候，他还削尖脑袋钻进了等级森严、排斥异己的僧侣圈，希望了解他们关于天国、来世与灵魂的知识。古往今来，醉心于各门学术的人不鲜见，在比如数学这样的特别领域里学业精进、达至出神入化境地的高手也不少。但是，像毕达哥拉斯这样一方面舍身求索当时文明世界里一切可能的经验知识，另一方面又出自宗教虔诚寻找灵魂得救之道的人却并不多见。比较靠近的两个例子：一个是圣奥古斯丁，他是公元4~5世纪最伟大的哲学家，也是深通圣俗两界学问、具强大宗教影响力的伟人；另一位是帕斯卡，他是17世纪最优秀的宗教思想家（提出了上帝存在的一条著名论证方法），更是当世最有创造精神的数学家。但是，圣奥古斯丁和帕斯卡都没有创立自己的宗教，而毕达哥拉斯却成为兼具宗教与世俗意味的一个学术团体的领袖。这样超常的智慧，到今天还在影响着西方世界，的确是世界历史上罕见的奇迹。

古代世界包括埃及、巴比伦和中国在内的数学研究，都是围绕着数和形这两大要素进行的。埃及和中国的数学都以实用著称，巴比伦数学却有着出世的追求目的。而从毕达哥拉斯这里开始，希腊数学走了一条不同的道路，毕达哥拉斯学派在几何与数论两个方面异军突起，将数学变成一门演绎和证明的科学，使其能在 17 世纪以解析几何将数与形的研究统一起来，开创了真正现代意义上的数学，奠定了现代世界各门学科的基础。

这样说，并不意味着萨摩斯岛上就没有实用的事业需要毕达哥拉斯这样的学究贡献他们的才学。事实上，僭主波吕克利特用百余条舰船组成的海盗队在地中海上抢劫了大量财宝，开始了大兴土木的霸王事业，包括在希腊和近东地区最大的赫拉神庙、规模浩大的防波堤和包括两英里长地下隧道构成的长长的渡槽，同时，波吕克利特与邻国的纵横捭阖，以及背信弃义的外交斡旋，都意味着实用学科与才智只会有紧缺而不会有多余。换言之，毕达哥拉斯在萨摩斯岛上的研究，不可能从头到尾与现实政治和商业贸易不沾边。

绝大部分资料赞同这样的推测：毕达哥拉斯最重要的数学及哲学发现，全都是在克罗顿潜心研究学术期间完成的。他在这里进行了数与形的多重研究，据称区分了奇数、偶数、三角数、四角数、完全数、友数，证明三角形的内角和等于 180 度，证明最多只能有五种正多面体，即正四面体、正六面体、正八面体、正十二面体和正二十面体，证明只有用正三角、正四角、正六角三种正多角砖才能刚好将地面铺满等。

假如归在他头上的毕达哥拉斯定理和其他成就都恰如其分的话，则毕达哥拉斯游历巴比伦期间，应当已经了解了这样的数学事实：直角三角形的两边如果分别为 3 和 4，则斜边一定是 5。毕达哥拉斯还应当了解，这样的组合至少还有十五种。但由于巴比伦人还没有学会利用代数知识来总结他们已有的数学发现，因此毕达哥拉斯的总结与证明就显得格外惊人。自此以后，人们在数学研究中运用的拇指法则或经验法则转变成了纯粹的理论研究。数理研究中的演算步骤，是可以在任何情况下普遍运用的，反过来说，可用算术和几何的证明手段来确认概括后的演算过程。这个数学证明的思维方式，也使演绎推理成为哲学思考中的重要手段，而抽象化、证明和演绎推理也是数学研究的主要手段。

毕达哥拉斯定理的证明，一定触发了其弟子对这种特别直角三角形和其他类型直角三角形的研究（尽管这些弟子按传统将所有数学发现都归诸其大师）。他们发现，这种特别直角三角形具备其他直角三角形不具备的特征，比如只有在这样的三角形中，各边会构成等差数列，在所有形状的三角形中，只有这种三角形的各边为整数，其面积为周长的一半。在这样的三角形中，其面积等于其周长的，也就只有两个（5，12，13和6，8，10）。

毕达哥拉斯定理促成的第一个研究成果，便是无理数的发现。相传毕达哥拉斯学派的弟子希帕索斯（Hippasus）最早发现这一惊人事实：正方形对角线与其一边的长度不可公度（若正方形的边长为1，则对角线的长不是有理数）。该学派领导者担心这与先师"万物皆数"、凡数皆可以整数表述的信念不符，从而动摇该学派在学术界的统治地位，便封锁该真理，迫使希帕索斯流亡他乡。希帕索斯违反会规，将此秘密泄露给兄弟会之外的他人，因此最终在海上遭遇毕达哥拉斯门徒的毒手，被扔进海里淹死。

何以一个数目的发现，竟然导致如此惨案？原来，根据毕达哥拉斯定理，等边直角三角形若边长皆为1，则其斜边的值为根号2，记为12+12=2。但人们发现，这个根号2的值根本就找不出来。无论用多大或多小单位刻度的尺子，人们都无法准确地度量这样一条斜边，试图计算的时候，也得不出它的精确值，即是说，无法表示为可以不循环或到某一位便终止的小数。等边直角三角形的两边若为同一个单位，则其斜边无法用同一个单位进行表述。

可是，哪怕这个小数已经计算到了第 10 亿位，如何就能确定第 10 亿零 1 位不是可以终止的小数位呢？为此，希帕索斯找出了后来得到欧几里得证实的一条证明方法，也就是一种归谬法。这条斜边若要与另外两个边通约，它必须既是奇数也是偶数，而这种情形是荒谬的。证法如下：

据毕达哥拉斯定理：$1^2 + 1^2 = x^2/y^2$，则 $x^2/y^2 = 2$

设 x 及 y 有公因数，约分后，或 x 或 y 必为奇数。

但是，$x^2 = 2y^2$，所以，x^2 为偶数，因此，x 为偶数。

也即，y 为奇数。但假定 x=2a 则 $4a^2 = 2y^2$ 所以，

$y^2 = 2a^2$，y 为偶数。

希帕索斯之死乃广为流传的无稽之谈，因为这需要假定毕达哥拉斯先发现或证明了勾股定理，然后才发现无理数，但没有任何历史证据说明这个过程为何不是相反，或同时进行的。这样的故事，无非是想表达人们发现无理数时的万分惊讶，同时也被形象地描述为人类数学研究中遇到的"第一次危机"。过去，人们认为整数和分数可以布满全部数轴，一直通达无限，现在却发现这个数轴并非如此，还存在许多无法填补的空隙。这个算术连续体并非绝对，因此需要别的观念来填补，于是第一次将数分解成为有理数和无理数。无理数的发现，实则是毕达哥拉斯最早开启的数论奠基之作。从整数数论发展到初等数论、解析数论、代数数论、几何数

论、计算数论、超越数论、组合数论，不外是对作为研究对象的数本身和研究方法上的不断突破。继根号 2 之后，人们又发现了圆周率等无理数，就跨越有理数无理数之分，而用实数将它们包括进来。然后又引入虚数、复数的概念。在加、减、乘、除的基础上，再增设乘方和开方的数学运算，形成"代数"。为运算方便，更引入矩阵、向量、空间等符号和概念，形成"线性代数"，再引入群、环、域等，包含抽象代数、布尔代数、关系代数、计算机代数等众多分支。数的范围也不断扩大，从正整数、自然数、整数、实数到复数，再到向量、张量、矩阵、群、环、域等不断地扩充发展。现在又把实数和复数称为"狭义数"，把向量、张量、矩阵等称为"广义数"。

毕达哥拉斯最有兴趣的，却不是现代意义上的数论本身，尽管没有数的观念，这个世界的一切事物就无法构想。他对数的研究指向这门学科以外的不同目标，指向他对宇宙秩序的神秘主义理解，因此，更让他着迷的还是像 1，2，3，4 这样构成特别意义的数字（它们的和正好为 10，称为圣十之数）。在毕达哥拉斯看来，这几个基本数字，是生成宇宙各维空间的生成元的个数：1 是无维点，是其他维空间的生成元。2 个点相连可以生成一维空间的直线，3 个点相连构成一维空间的三角形，而 4 个点相连可以生成三维空间的四面体。用黑点由上往下排列来表示,这几个数字正好构成金字塔形。这几个数也构成基本谐音之比:2:1,3:2和4:3,因而与天体的和谐密切相关。

毕达哥拉斯还对完全数保持极大兴趣,他应当是发现最小完全数6的第一人。完全数又称完美数或完备数,这些特殊自然数所有的真因子(除了自身以外的约数)的和(因子函数),恰好等于它本身。例如:第一个完全数是6,它有约数1,2,3,6,除去它本身6外,其余3个数相加,1+2+3=6。第二个完全数是28,它有约数1,2,4,7,14,28,除去它本身28外,其余5个数相加,1+2+4+7+14=28。后面的数是496,8128。这些完全数肯定是毕达哥拉斯所知晓的,欧几里得几何学中所载寻找完全数的公式,也极可能是毕达哥拉斯所发现的,即,当2^n-1为质数时,(2^n-1)2^n-1即为完全数。对于"4"这个数,它的真约数有1,2,其和是3,比4本身小,像这样的自然数叫作亏数。对于"12"这个数,它的真约数有1,2,3,4,6,其和是16,比12本身大,像这样的自然数叫作盈数。所以,完全数就是既不盈余,也不亏欠的自然数。

毕达哥拉斯学派的成员尼克马修斯又发现了完全数28之后的完全数,他在《数论》一书中说:"也许是这样,正如美的、卓绝的东西罕有而且容易计数,而丑的、坏的东西却滋蔓不已。是以盈数和亏数非常之多，杂乱无章，它们的发现也毫无系统；但是完全数则易于计数，而且又顺理成章。在个位数里只有一个 6；十位数里也只有一个 28；第三个在百位数的深处，是 496；第四个却在千位数的尾巴上，接近一万，是 8128。它们具有一致的特性：尾数都是 6 或 8，而且永远是偶数。"

奇妙的完全数，历来都是哲学家感兴趣的对象。圣奥古斯丁说：6 这个数本身就是完全的，并不因为上帝造物用了六天；事实恰恰相反，因为这个数是一个完全数，所以上帝在六天之内把一切事物都造好了。

笛卡儿也曾预言："能找出的完全数不会很多，好比找一个完美人亦非易事。"时至今日，人们一直没有发现有奇完全数的存在，所以是否存在奇完全数成为数论中的一大难题。而即使有，这个数也非常之大，需要满足一系列苛刻的条件。比如，8128 后面的完全数就已经是 33550336。

毕达哥拉斯很快就把他刚刚发现的第一个完全数 6 的概念应用到人类社会中。他说："6 象征着完满的婚姻以及健康和美丽，因为它的部分是完整的，并且其和等于自身。"

完全数的概念，很快就让毕达哥拉斯发现了一系列友数。友数是这样一对数，它们互相等于对方真除数之和，真除数是能被一个数整除的所有除数，包括 1 但不包括该数本身。如 220 和 284 为最小友数。220 可被 1，2，4，5，10，11，20，22，44，55 和 110 整除，这些除数之和为 284。284 可被 1，2，4，71 和 142 整除，其除数相加为 220。

毕达哥拉斯还知道三角形数。一定数目的点或圆在等距离的排列下可形成等边三角形，这样的数被称为三角形数。比如 10 个点可以组成一个等边三角形，因此 10 是一个三角形数，如下图所示：

    X

   X   X

  X   X   X

 X   X   X   X

目前已知，三角形数和其他数的关系可表述为：四面体数是三角形数在立体的推广；两个相继的三角形数之和是平方数；三角平方数是同时为三角形数和平方数的数；三角形数属于一种多边形数；所有偶完美数都是三角形数。

毕达哥拉斯对三角形数的研究深入到了上述哪一步，现在无法确知。高斯在 1796 年发现，任何自然数是最多三个三角形数的和。

三角形数的构成图如下所示：

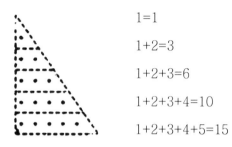

$$1=1$$
$$1+2=3$$
$$1+2+3=6$$
$$1+2+3+4=10$$
$$1+2+3+4+5=15$$

目前已知，一共有四百余种方法可以证明毕达哥拉斯定理，单项数学定理得到如此之多的数学论证，真是前无古人、后无来者的奇观。十分奇特的是，论证并不尽是数学家，而是包括各行各业不同年龄的人，有一位是巴比伦的魔术师，一位是美国俄亥俄州 14 岁的普通学生，有 21 岁死于决斗的法国数学天才伽罗瓦，甚至包括 1881 年成为美国总统的詹姆斯·加菲尔德，可惜三个月后死于枪杀。

然而，寻找毕达哥拉斯定理数组的公式，却被认为是毕达哥拉斯自己发现的，该公式为：

$n^2+（n^2-1/2）^2=（n^2-1/2+1）^2$ 式中 n 为奇数。

毕达哥拉斯可能是在迦勒底看到这个演算过程的，但是，由于巴比伦人不会代数，要等到毕达哥拉斯的时代才能用这样的公式表示出来，假如我们相信这个定理的论证是用代数而不是用图形的话。

公元前 4 世纪，亚里士多德研究毕达哥拉斯学派的时候，还发现他们在 1 至 10 的数字中对应出一些抽象概念，其中只有数字 6 和 8 的对应关系没有确定：

    1——心智

    2——意见

    3——整体之数

    4——公平

    5——婚姻

    6——？

    7——适当的时机、适宜的季节或机会

    8——？

    9——公平

    10——完美

这其中，为什么心智是 1，意见为 2，很难理解，但是，公平之所以出现了两次，是因为它与平方的概念相关联。原来在古代希腊人看来，1 不应当是数字，因为数字是指多于 1 的东西，在他们看来，最小的数字应当是任一整数的平方数，因此最小的数字为 4。在别的一些数学传统中，2 也曾经被排斥在数字之外，认为它既不是奇数，也不是偶数，甚至不是素数，而只是"数的第一原则"。据此，最小奇数 3 的平方是 9，因此与公平联系起来。平方隐含着相互扯平的意思，在今天的英语中还得以保留。数字 5 代表婚姻比较容易理解，因为 5 是最小偶数和最小奇数之和（1 仍然不在考虑之列）。数字 7 与"适当的时机和适宜的季节"有联系，是因为在古希腊文化传统中，生命总是与 7 以及 7 的倍数紧密相关。胚胎在子宫里生存 7 个月后就可以生产了，7 个月后长出牙来，14 岁到达发育期，21 岁开始长胡须（**男孩子**）。10 这个完美数，多半来自垒石块的经验。4 的平方数是 16，但 1 到 4 垒起来的三角形却是 10，即完美数，两者都可以用石块实际直观地垒起来。

至此我们看到，毕达哥拉斯的认识，是从寻求并发现万物秩序的需要出发的。他首先看到数量关系，明白没有数量概念，对任何事物的认识都是不可想象的；其次，他认为"万物皆数"，这是在泰勒斯认为万物皆水构成的本原意义上说的，也就是说，毕达哥拉斯以万物背后的数量关系以及数量关系代表的秩序、理性作为世界的本原。从这层意义上看，毕达哥拉斯所说的数，并不是我们今天所讲论的那重意义，或不止这一层意义，而他从神秘主义角度看待数的方式，有些以命理学留存到今天，更多则为人们遗忘或忽略。比如，他认为 1 是点，2 是线，3 是面，4 是体，不仅仅是从数学上说明点线面体的维度构成，而是从与人类社会生活及道德伦理相关联的本原意义上看待问题。所有数字都可以转化为可见形体，而形体构成了这个现象的世界。我们今天还使用数的平方、立方观念以及三维四维观念，但毕达哥拉斯对数的认识远远超出我们目前的认识方法。所有的数字都分成了阳性（奇）与阴性（偶），就好像今天法语的名词要分成阴性与阳性。1不是数，因为它指涉不可分解的整体，2也不可能是第一个数，因为这个数是第一个偶数，是阴性数。阴性数是不能成为第一个数的。这样，3才是第一个真实的数，其独特的原因是，这是第一个完全数，有开始，有中间，有结尾。再后来，他又认为3之所以是第一个数，是因为它是第一个自己乘自己比自己加自己更大的数，而1和2皆不具备这样的能力。又比如，5之所以代表婚姻，还因为5是自守数（乘以自身后以自身结尾），6也是如此，接下来的两个自守数，25和76，也可能是毕达哥拉斯研究过的。

由基本的数字中隐含的奇妙结构，推广至整体的数字结构，毕达哥拉斯看到大自然背后隐藏着的规则结构，从而得出惊人结论，认为数本身具备无穷魔力，它极可能就是创造了宇宙的那一股伟力，而数即是自然法则的代名词。理解了数，就是掌握了通向知识的钥匙，这样的知识会使人的灵魂跃升至永生不死的更高境界，与神灵同乐。

比　　例

数的研究必然导致对比例的兴趣。所谓比例，就是一个总体中各个部分的数量占总体数量的比重，反映总体的构成或结构。数学中的比例，是表示数量之间的对比关系，或指一种事物在整体中所占的分量，这两种相关联的量，一种量变化，另一种量也随着变化。整数系列自身隐含着比例关系，这个比例系列在大自然及整个宇宙中的延伸，就是数所揭示的秩序宇宙或和谐宇宙。

毕达哥拉斯是从数与比例的关系中发现自然事物中的和谐秩序，还是反过来发生的，现在无从考查，也不是很重要。一说他从里拉琴里发现了奥秘，也有说他在铁匠的打铁声中听出和谐，但总体而论，对于数与比例的理解，必须有普通人可以感受得到的现实经验的证实，这一点，毕达哥拉斯作为社团领袖应当是相当清楚明白的。

普遍的看法是，"万物皆数"，或严格说"已知万物皆有数，没有数，任何事物都无法构想或了解"的观念，来自毕达哥拉斯对音乐的研究。人们坚信，以数学方式归纳出来的第一条自然法则，就是音调与弹奏中的竖琴弦长之间的关系，而且是由毕达哥拉斯本人发现的。在古希腊，最流行的乐器是竖琴与里拉琴，差不多人人都明白，有时候，这些乐器发出悦耳之声，有时候却不然。有经验的琴师能制造出乐音最悦耳的琴，但他们不一定了解悦耳之音的深层原因。

毕达哥拉斯对音乐的研究，极可能是从这样的问题开始的："悦耳"是什么意思？"谐音"是什么意思？在毕达哥拉斯的时代，谐音或者是指多根琴弦一同拨动时发出的音，或者是单根弦连续发出来而在人脑中构成的谐音效果。一般来说，八度音、五度音和四度音被认为是能引起共鸣的，或称为和音。

按住琴弦正中拨出的音，比不按住的时候正好高出八度，让他看出琴弦长度与其发出的音之间的关系，这个关系如果确定不变，则形成一条音乐规律。即是说，乐器（琴弦、管乐）发出来的最和谐悦耳的声音，总是对应于最简最美的比例关系。八度音对应 2:1 的比例，同样，五度音对应于 3:2，四度音对应于 4:3 的比例。悦耳、和谐、比例、规则、数的关系，为什么事物会是这个样子的呢？这一切说明什么？

由此看出，毕达哥拉斯的伟大之处在于，当常人凭经验寻找能奏出和音的最实用办法时，他却在思考深层的原因，并希望拿这个发现应用到更广泛的领域，这是科学与信仰皆必不可少的思维跳跃。

和音与比例关系的确定，进一步强化了毕达哥拉斯对于数学的信念。和音、比例、数字的性质，简朴之美以及某些简单外形透露的秩序之美，足以使他确信，某种深层的数字本质在主宰着一切。大自然中表面的乱象、失序，背后是否也隐藏着类似他们从音乐中听出来的美好简朴的规律呢？换句话说，乐音中隐藏的比例、数字、规则与秩序，应当不属孤立现象，而是有可能在宇宙中存在的一切事物中找到其他范例的。把一切混乱失序的事物背后的数学与几何规律揭示出来，赋予它们以确定的原则或原理，这才是认识宇宙、了解人生、安顿灵命中最紧要的事情。由此看出，毕达哥拉斯及其学派对数学的研究，与以前的自然哲学有了本质的不同。他们要用证据证明大自然和宇宙中存在的秩序，确立这种秩序，并将人类感官经验到的一切，与逻辑或理性的分析结合起来，说明数的性质与本质，揭示杂乱无章的自然现象背后的规律与意义。

毕达哥拉斯"在铁匠铺里发现了声学基本法则"的传说，只是人们神化他的众多传言之一，谐音及其规律的发现，远较人们想象的复杂得多。认为毕达哥拉斯或其弟子听到铁匠铺里不同重量的铁锤锻打声构成八度、五度和四度音，而且正好符合 2:1，3:2 和 4:3 的锤重比，这只是人们臆测的结果，与实际的物理实验结果不符。但是，毕达哥拉斯的同时代人梅塔蓬图姆的希帕索斯却作了另一个较为可信的音程实验，记录在音乐史家亚里士多塞诺斯的著作里。希帕索斯制作了四块青铜片，直径相等但厚度不同。"其中一块的厚度为另外一块的 4/3，为第三块的 3/2，第四块的 2/1"，然后将四块青铜片悬挂起来。敲击铜片，它们就发出协和音程。从涉及的物理原理而论，这个实验有可能是真实的，因为敲击悬挂起来的铜片所产生的震动频率，与铜片自身的厚度成正比。无论是谁设计与实施了这项实验，都表明他理解谐音的比例关系，说明这个比例关系已经为当时的希腊人所知。事实上，亚里士多塞诺斯说，克罗顿邻城瑞吉厄姆的一位乐师格罗卡斯试过希帕索斯的这几块铜片后，这项实验成果便成为一种流行乐器了。

毕达哥拉斯在铁匠铺里发现"声学规律"的传说另有原委。现代毕达哥拉斯研究专家沃尔特·贝克特指出，根据古代传说，伊达山的达克堤利人世代为巫，也是音乐及锻造术的发明者。波尔菲里传记指明，毕达哥拉斯曾领受达克堤利人的秘密入教仪式，因此才有流传至今的毕达哥拉斯警句：青铜之音即恶魔之声。这话的意思是说，锻造与音乐或魔音之间存在密切联系。

毕达哥拉斯对比例关系的兴趣，还体现在他对几何形状的研究中。在他的时代，当时所知的四种正多面体为四面体

（三角塔）、立方体、八面体和十二面体。自然，人们拿这四种正多面体来对应当时普遍流行的四元素。正十二面体的黄铁矿是于意大利自然生成的，公元前10世纪，当地伊特鲁里亚人用刻成此形状的石块敬神。埃及人知道除正十二面体外的其他三种正多面体，他们也在自己的建筑物和纪念碑上使用这些正多面体。但是，只有毕达哥拉斯学派的人知道如何用几何方法构造这四个正多面体。在毕达哥拉斯看来，差不多是由十二个正五边形构成的正十二多面体，对应于当时所知的整个宇宙。他掌握的星体运行资料显示，金星每四年在空中运转的轨迹是一个正五角形，所以认为金星是完满的，因为它的运行轨迹指向毕达哥拉斯学派坚守的一个巨大奥秘。正五边形里面隐藏着的五角星是巴比伦人已经掌握的知识，他们在这两个图形中发现了相当惊人的比例知识和宗教奥秘。五角星是身心健康的标志，因为里面隐藏着"神圣比例"（现在称为黄金率），按照这个神圣比例，线段的划分必须是这样的：较小的段与较大的段之比，等于较大的段与全线段的比。巴比伦人认为，这个神圣比率隐藏着创世的秘密，这个世界就是按照这样的神圣法则构造起来的。单个的人与全人类、全人类与整体的世界，都对应着这样的奥秘关系。正五边形里面隐藏着的五角星的线段划分，不仅正好对应这个神圣比率，而且各个角都是这样的关系（因而体现其完美性），五角星背后的比例关系，被毕达哥拉斯学派提升至事关神灵的至高地位。无论是因为已经揭示出来的内在完美性，还是因为直觉，对五角星的膜拜持续至今，包括非洲国家布基纳法索、大洋洲的西萨摩亚和美国及中国的国旗上都有这样的五角星，穆斯林的新月也与五角星相拱卫。

天 体 音 乐

将乐音中发现的比例原理应用于天象观测后，毕达哥拉斯更加坚信这个宇宙及其创造过程背后的数字关系。毕达哥拉斯的天文学知识源自巴比伦人，他的老师阿那克西曼德也对他产生过影响，而后者毕竟是希腊最早绘制天体坐标与世界地图的哲学家。我们今天理解的天文学是由巴比伦人开创的，有空闲的僧侣出于宗教原因而站在高高的神塔顶上观测天象和天体的移动。有资料显示，他们早在公元前 1975 年就有了对金星的定期观测，到公元前 747 年，巴比伦人已经有了日食、月食的定期系统观测资料，因而有相当准确的预测。当时的巴比伦人已经知道了包括太阳和月球在内的七颗天体，并认为这些天体都有神圣根源。

天体的周期性运动，让毕达哥拉斯更加确信宇宙的数学原理。他从阿那克西曼德那里了解到，上述七颗天体比遥远的恒星离地球更近（因此地球不一定是宇宙中心），而且它们与地球的距离各不相同，这让毕达哥拉斯得出一个非凡的推论：看起来，那七颗天体与地球就好像是音乐中的八度音关系，它们就像里拉琴上的七根弦，能发出他称为"天体音乐"的天际和谐音。

既如此，那我们人类怎么会听不到这些天体发出来的声音呢？假如没有人能够听到，如何确定就有这样的天际和谐音呢？毕达哥拉斯的回答，只有一位超凡的哲学家或一位现代物理学大师才能想得出来：我们人类听不到天际音乐，是因为我们打从一出生便在听这样的声音，习惯以后还误以为那天际的音乐本来就是沉寂无声的。人的耳朵必须有寂静对照比较才能听出声音，反过来亦然，没有声音在耳朵里面的体验，我们永远也不会明白什么是寂静。为说服众人，他打了一个很熟悉的比方。在打铁铺里，铁匠对铁锤连续不断地敲击铁砧的声音早已习以为常，都没有任何听觉反应了。这样的解释听起来固然有道理，可是，人们不禁会问，难道天体发出的和谐之声，就是铁匠铺里源源不断地砸出来的叮当声？再说，别人听不到的声音，他倒是如何听进去的？这样的问题，毕达哥拉斯的继承者倒发现不难解释。毕达哥拉斯早已经是超越凡胎的神奇之人，他所探明的神秘路径和对音乐的特别感悟能力，岂是普通人们所能理解的？就好比现代的爵士乐，乱哄哄的一阵，不明就里的人，哪里听得出什么高下之别呢？

当然，严肃而论，毕达哥拉斯毕竟是深通数理的人。他明白，处在与地球不同距离上的不同天体，要发出不同的天际音调来，各自必然以不同的速度在天空运行。运行速度最快的，必然发出八度音中最高的音调；最低的音调，必然是运行速度最慢的天体发出来的，而这些较慢运行的天体也离地球最近。从琴弦长度到铜片厚薄，再到天体运行速度与音调的关系，毕达哥拉斯似乎跨越了数个世纪人类科学探索之旅，给人一种恍如隔世的感觉。可是，谁能料想瑞士一个专利局的普通工作人员，竟然会在 20 世纪中期将整个宇宙宏观、微观的秘密一下子全都揭开呢，假如我们有理由认为爱因斯坦揭示的时空，就是宇宙实际的样子的话？

在毕达哥拉斯看来，天体是最美好的实体，而圆形则是最漂亮的形状，这与我们今天对数学的简朴之美的看法很相似。天体发出的美妙谐音，一定是由各个圆形球体围绕地球的固定轨道发出来的。根据他的观察和对数字的偏好，他认为天体与地球的相对关系，按照它们与地球之间越来越大的距离，分别应当为：月球、水星、金星、太阳、火星、木星和冥王星。他的这个猜想，应当是人类已知最早的太阳系构造学说了。考虑到毕达哥拉斯时代的宇宙知识和人们一般的假定，这是相当惊人的学术成就，而且他还是在没有借助任何观测器具的情况下达至这一结论的。他的这个太阳系构造说，暗含时人并不能接受的一个假定：大地空悬，自转不止。对星体观测结果进行数学的运算，寻找确定的秩序与规律，这是毕达哥拉斯学派对天文学最大的贡献。这种性质的探索，会在接下来两千多年时间里由其他数学家与物理学家继续下去，构成全新的天文学。

当然，毕达哥拉斯的太阳构造学说并不准确，人们很快发现，金星与水星事实上是在围绕太阳转动，因此，以太阳为中心的真正的太阳系学说慢慢出现了。后来的毕达哥拉斯成员逐渐发展出新的学说，认为地球围绕着一团燃烧的中央大火在转动，地球上的人没有被这团大火烧死，是因为我们这一面永远都背对这团大火。地球自身的转动，造成了我们习以为常的昼夜差别。太阳系的真实天空图景，要等到公元前260年才由另一位萨摩斯人阿利斯塔克完成。这个时间比哥白尼确立日心说整整早出18个世纪，也就是说，人类在黑暗中摸索了这么漫长的一个时期，才在浩如烟海的天文数据中发掘出日心说来，哪怕这同一颗太阳差不多与我们天天见面。可笑的是，哥白尼在日心说著作里并没有提到这位阿利斯塔克，反倒是对早前提出地球围绕一团宇宙大火转动想法的毕达哥拉斯派感恩戴德。

128

既然大地空悬、自转不止，必然就会得出天体运行周期循环的结论。无论这些天体最初是从哪里开始运动起来的，它们在运行途中都有一个轨迹和目标，而这个目标一定就是它的起点。由这个循环的概念，必然又引出另外一个结论，即一定存在"循环中的循环""周期中的周期"，或称为"大年"。这整个世界的运动也应当有一个起点，也有一定的轨迹，也有"永恒的循环"。他的这一套推想，不仅为后世牛顿这样的数学家所采用，也为尼采这样的狂人所支持。

假如没有生命的自然世界有一个起点、一定的轨迹、确定的归宿，从起点到终点，循环往复不止，为何有生命的万物就一定不是如此呢？因此，从天体循环往复的规则运行，到灵魂的不断转世，只需要稍微一丁点推理能力就能得出类似结论。这是个确定的、有规则可循的宇宙，也是有规则可循的确定的灵魂的世界。天体发出的和谐美妙的音乐，一定能够为这个和谐世界里的有情万物所听到，灵魂在一个有序的世界里转世，最终会脱离生死轮回，进入与神同乐的永福之境。

对于这个"天体音乐"的学说，亚里士多德尽管颇有微词，但还是说："这是相当有创意和极智慧的推论。"他这样总结这个学说：毕达哥拉斯派意识到，所有发出谐音的音程，都是一种乐器调谐符合某种数学比例的结果，因而，"数"

即"和谐"。同样的数学比例也决定着天体的位置排列，从而导致"天体的谐音"。这正是让毕达哥拉斯派甚感惊讶的地方，促使他们进而推论出"所有运动物体的谐音"。

如此巨大的物体运行起来，一定会不可避免地发出声响。地上的物体也能产生这样的效果，尽管它们的尺寸不够大，或者没有天体运行的速度那么快，又或者地上如此运动的物体数量不够多，体积也不够大，但一切还是在以相当快的速度运行。既如此，就无法想象这些物体为何就不会发出极响的声音。据此假定，并根据星体的距离来判断其运行的速度，这些星体就应当处在能发出和谐共鸣音的数学比例上，因此确定：星体在运行时发出的声音，应当是谐音。

根据当时极流行却错误的一个认识，运行速度快的物体，所发出的音调就越是高。照此类推，全部已知星体运行时发出来的，一定就是全音程中的八度音。

亚里士多德的解释只说明星体为何可以发声，但没有解释如何发声，或如何发出美妙的乐音。事实上，现代科学可以证明，假如真能够发声，星体同时发出来的那八个音调不会是谐音，而是嘈杂声，巨大的嘈杂声。传奇说，这样的天体之音只有具备特别神通的毕达哥拉斯能够听到，而普通凡胎就听不到，果真是这样的嘈杂声，毕达哥拉斯可真是可怜啊！

然而，从比例理论（算术、几何及调和比例）的发现，到以调和比例（或神的几何学）来分割弦线，从而产生自然音阶，显示出毕达哥拉斯清晰的一条思路：弦长—谐音—星体距离—谐音＞宇宙—和谐体＞理性—可认知的现象世界。换句话说，毕达哥拉斯最根本的理想，是要用一条确定的基本原则解释所有已知现象，而数学则是居于原则和现象之间的原理。

虽然广为接受的真正的日心说要等到哥白尼和开普勒来完成，并由牛顿的万有引力进行数学证实；但是，毕达哥拉斯学派的宇宙大火说能够得到他们的引证，自身即说明毕达哥拉斯这种融神秘主义与数学研究为一体的特别研究模式及结果，对地动说的贡献不可否认。

第6章

毕达哥拉斯的三大传人

毕达哥拉斯及早期门徒开创的数与音乐研究的事业，尤其是对数与数背后的秩序与规则的思考与理解方法，在古代如同在今天一样有着万古如新的启示意义。然而，深藏于大自然隐蔽处的真正的数学联系与关系，其规模与数量远不是一代或多代门徒所能穷究的。哪怕是两千多年后，人类各学科的知识和可以利用的观测器具大大丰富了，开普勒也只能跟毕达哥拉斯一样确认大自然中的确存在这些联系与关系，而不能断言所看到的宇宙实际就是他眼中的样子。大自然有它自己深奥得多的数学法则，并不严格按毕达哥拉斯的或开普勒的法则运行。宇宙深处的数学、物理学真正的含义，还需要无以计数的世代才能真正趋近，假如存在任何意义上的这种可能的话。

然而，突破神话的世界而在无论多少种元素构成的物质世界里寻找确定的法则，却是开天辟地的突破性思维。一旦形成这样的思维定式，后继者便会循着脚印一路追寻下去，直到抵达他们心目中的真理彼岸。

希帕索斯：溺毙的毕达哥拉斯弟子

影响巨大而历史悠久的任何一个人类团体，无论是政治团体还是宗教团体，没有派系之别和相互之间的攻讦，往往不可置信，这在毕达哥拉斯学派的历史上也是有史料可证实的。毕达哥拉斯去世后，他的兄弟会分裂成阿库斯马蒂西（Acusmatici，强调严守毕达哥拉斯的一切教导，包括禁忌在内的种种人生规范，亦称聆听派）和马西马蒂西（Mathematici，强调对数学与自然世界的研究，亦称数理派）两派。这符合大部分宗教教派的发展轨迹，一方严守传统，另一方寻求突破。否则，这样的团体要么因默默无闻而失传，要么因僵死而少有人问津。

据比较权威的希帕索斯资料收集者亚里士多德的说法，希帕索斯是两派皆不欢迎的叛逆者，是派系之争的牺牲品，而这在任何文化环境的天才人物遭遇中都是常见的。据称，聆听派强调死记硬背，但凡导师说过的一切话，都要原封不动地传承下来（因为导师的智慧一般是高于弟子的），导师的警句，哪怕并没有得到证明，也要不加争议地全盘接受，都应当以神圣教义的名义奉为经典和圭臬。比如："什么是有福之岛？太阳和月亮。""什么是最智慧的？数字。""什么是再正确不过的话？人类是邪恶的。"之所以如此，一个重要原因就是，这些警句问答中包含只有圈内门徒才知道的解答方法。比如："不可帮人卸担子，反倒要多加重担。"其真实意思是不要鼓励他人偷闲。反过来，数理派则强调另一种毕达哥拉斯精神，就是不断追求、发展和完善无论何种性质的知识。希帕索斯明显属于后者（有资料甚至说他是数理派的创始人，但也有相反的资料说他是对立学派的创始人），却又不为后者所承认，结果夹在两派之间遭了殃。他或是受了神谴，或是被兄弟会迫害致死，或是扔进了海里，或是被逐出兄弟会，或是被堆了活人坟以示羞辱，关于他的故事和传奇实在太多。

今天，希帕索斯为人所知，主要还是因为他是第一位确知其名的毕达哥拉斯弟子。他是极智慧的学者，极可能是毕达哥拉斯的高层弟子，投身音乐、数学和自然哲学的研究，并认为火是构成世界的第一原则，也是构成灵魂的真实材料。有资料称，他是第一位发现正十二面体的学者，但也正是因为他向外人透露了如何在球体内构造正十二面体的几何方法，才遭到兄弟会惩罚的，因为毕达哥拉斯学派虽然发现了支撑自然世界的数学关系，却不准向教派外的任何人透露机密。这种说法不一定可靠，因为他应当是一位严守机密的人，不然，他如何可能成功地进行了青铜片的音程实验。希帕索斯进行的这项实验，正是用科学方法证实了八度音、五度音和四度音中的谐音与2:1，3:2及4:3的整数比例之间的对应关系。传说他还在容器中注入相同比率的液体，希望制造出同样的谐音效果，但至今没有人证实其结果。

也有资料说他最早发现了整数的不可通约条件（根号2引出的无理数），或者泄露了其他机密，然而，古代世界没有任何一位作者具体地将无理数的发现与希帕索斯联系起来。更有可能的情况是，希帕索斯可能是第一位从根号2中发现无理数的人，也可能是第一位发现如何用几何方式构造正十二面体的人，更可能是同时发现这两者的人，因为从正五面体中隐含的黄金率里很容易看出无理数来。总之，正如所有成果都要归功于导师毕达哥拉斯，任何问题也必须有人来承担，而希帕索斯便历史性地扮演了冤大头的角色。或者是因为透露了某个几何学秘密，或者是因为发现了几何学奥秘而遭了神谴，或者是因为发现了这个几何秘密而没有归之于大师，反倒归为己有，从而遭了报复。

拉尔修说，希帕索斯认为宇宙有限而且处在永恒运动中，并且会在确定的时期内完成所有变迁。这可能是毕达哥拉斯学派认为宇宙处在永恒循环中的教义来源，意思指世间万物和所有事件都会在固定的时间重复自身，包括人的灵魂。有人说他述而不作，但也有资料说明他曾著有《秘说》一书，并在其中败坏过毕达哥拉斯的名声。

至于杜撰出来的无理数的发现及芝诺悖论导致的所谓第一次数学危机，只不过是现代人在数学发展历程中添加的佐料。可靠的历史事实是，毕达哥拉斯兄弟会被打散之后，又在更广泛的地区逐渐发展起来，但这个兄弟会实施的事实上的贵族统治，一方面会营造政敌，另一方面又会引起平民憎恨。所以，假如确有希帕索斯这么一个人，又假如他确实为毕达哥拉斯的嫡传弟子，他死于政治斗争的可能性远远大于其他传奇为他安排的命运。

菲洛劳斯：调节有限无限矛盾的和谐

假如关于希帕索斯的一切只不过是云山雾水里的一缕青烟，菲洛劳斯则是板上钉钉的毕达哥拉斯弟子，因为他是毕达哥拉斯学派里第一位有著作留存于世的弟子，或者说，他所写的《论自然》注定会存留下来。

公元前 5 世纪中期，菲洛劳斯从克罗顿或托伦特姆逃出，约在前 454 年在底比斯安顿下来，并建立起新的毕达哥拉斯社团。公元前 450 至前 399 年之间的某个时候，菲洛劳斯写下一本详细阐述毕达哥拉斯思想的著作。尽管有学者置疑，但 1893 年发现的埃及莎草纸文稿的段落却肯定了这部著作的实在性。

然而，菲洛劳斯的这部著作却不是人物传记，他在著作中关心的是人类已有的知识结构及仍然需要探索的知识领域。因此，人们在书中无法区分哪些是毕达哥拉斯的思想，哪些是门徒的贡献，甚至哪些是他那个时代人的智慧结晶。这种情形，对一个毕达哥拉斯门徒来说再正常不过了：所有的知识都归功于导师，而所有的知识都有益于灵命的安顿。对毕达哥拉斯弟子而言，真理有不可移易的统一性，追求真理的道路也只有一条。追求关于宇宙的知识以及寻找与神圣力量同一的道路也只有一条。再说了，谈起知识，那自然是越古老越可信，某一伟人确定的知识，自然也是无可置疑的。哪怕是自己的发现，他也不愿意归在自己名下。

菲洛劳斯打破毕氏规则，直接著书立说来系统宣扬学派观点的另一个重要原因，是为了与刚刚兴起的爱利亚派哲学思想一较高下。由于巴门尼德就出生于同属希腊殖民地的意大利西海岸克罗顿北部的爱利亚，他主张的那一派哲学也称为爱利亚学派。爱利亚学派的存在哲学与毕达哥拉斯学派的哲学迥然相异，根本不承认人类的感官能够观察或体验眼前的这个世界。巴门尼德在一篇气势磅礴、辞章华丽的哲理诗中说明：1）追求真理者以为自己可以在存在与不存在的事物之间进行选择，但由于"不存在的事物不可想象，亦无法言说"，因此，探寻不存在的事物是"彻头彻尾的无知迹象"。2）至于存在的事物，既存在，就得一直存在，不可损毁，否则便有可能不存在，因此不可想象亦无法言说。存在的事物在空间和时间中必须是连续的、不变化的、不移动的、有限的。但人类的经验却明显与此相反，因而感官是不可相信的。简言之，人类的思考与真实的存在之间并无对应关系，人类无法凭感官认识世界，不可能得到任何真理（也许要除开他这最后一句话）。萨摩斯岛的麦里梭也写了一本论真理之道的书，以新的论证来支持巴门尼德思想，但在几处关键处却有所不同。比如他认为，但凡存在的东西，就必然向所有方向无限地延伸，因而不可能是有限的。这就是说，存在的东西，不能多于一个（只有存在本身存在）。这也意味着毕达哥拉斯的数及数学是胡扯。麦里梭比巴门尼德更坚定地相信，感官知觉全都是虚幻不实的错觉，人体验到的现实根本不会是其实际那样。

同样来自爱利亚的芝诺支持麦里梭关于只有一物能存在

的思想，并拿出包括飞矢不动在内的四项性质相同（归谬法）的著名论证来说明运动是不可能的。这样一种对于抽象思维、逻辑方法的偏好，以及对于感官知觉的全然排斥，几近虚无主义的思想，对毕达哥拉斯哲学构成严峻挑战。菲洛劳斯深感责任重大，必须以整体的毕达哥拉斯思想流派而非单个思想家的角度来回应爱利亚哲学：虽然有有限与无限、间接与连续、时间与空间的关系和极限问题，但人凭五官感觉是有可能认识自然世界的。

"宇宙以内的自然万物，皆从有限与无限事物之中和谐地生成"，菲洛劳斯开篇即宣称明显是毕达哥拉斯学派特色的这一观点。这也是从自然哲学的角度重述毕达哥拉斯的世界观。有限与无限的事物这一对矛盾，乃构成自然万物之必需。在它们之上，更高的和谐原则统领着自然的生成过程，在谐音的和谐比中发现的数量关系，就是支撑宇宙创造过程的最基本原则。1，2，3 和 4 这几个基本数字，代表的就是人类认识从点至线、从线至面，又从面至体的认识路径，尽管几何中的点可能不具备任何一种维度，但它显然是人类感官知觉中从整体认识个体、从个体回溯至整体的客观认识过程。就是说，毕达哥拉斯学派的认识论，基于确定不疑的数的性质与作用。

首先，假如事物不可数，它就无法与其他事物区别开来，也就无法作为一个单独的事物独立存在，人们也无法获取对这一事物的知识与理解。人首先通过感官经验了解此事物的存在，其次通过其数量关系理解其性质和特征。感官知觉是人和其他动物共有的，而对事物的理解却只能在人类当中发生，只有人能够确定事物的数量关系。《论自然》中说："数有两种，为奇，为偶，另有一种为奇偶之合。两种数各有万千形式，各样事物皆以自身标志显示其数的形式。"比如人的音阶体验最初来自简单的感官知觉，但对各种各样的音阶进行比较研究后，这些音阶现象就会指向控制音程的整数比。掌握了这个整数比，我们就可以宣称知道了音阶。这里，菲洛劳斯就涉及了共相问题，即抽象的数而非具体数量的事物，事实上，这是"形而上学史上为共相与殊相之间的关系确定一个术语的第一次有记录的尝试"。可见，菲洛劳斯在这里并未专注于严格数学意义上的数，而是毕达哥拉斯学派数字神秘主义意义上的数。将数字关系确定为知识的基础，他就正面回应了巴门尼德关于何种东西构成适当思想对象的问题。在这里，抽象的数的性质与具体的事物的性质产生了联系，构成感官能够体验的现象世界。

从对音程的数量关系的研究，推广到天文学上的观测结果，他认为，必然有一团"中央大火"，已知的星体全都围绕这团中央大火转动，包括月亮、太阳和地球、五大行星和其他恒星。地球、月亮、太阳、五大行星以及"外层大火"（恒星）加起来为9，因此，这团中央大火的对面还有一个"反地球"，它与其他围绕中心转动的星体一起构成完美数字10。在菲洛劳斯的这个宇宙里，大地为一球形星体且并非不动的宇宙中心的说法清晰地表述出来。他不仅认为昼夜更替是地球相对太阳的运动所致，而且还认识到各星体之间相互间的运动构成我们所看到的许多自然现象。他说："事情一定如此，根据的是我们已知的事物运行的秩序与数学法则。"这样的认识的确是惊人的智力飞跃，这实际就是科学理论形成的实际途径。从有形可数的数到想象中的无量的图形，从已知推断未知，这是体现了毕达哥拉斯精髓的思想原则。

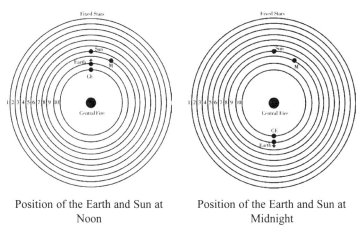

Position of the Earth and Sun at Noon   Position of the Earth and Sun at Midnight

菲洛劳斯宇宙观示意图

Fixed Stars: 恒星；Sun: 太阳；M: 月球；

Central Fire: 中央大火；Earth: 地球；CE: 反地球；

Position of the Earth and Sun at Noon: 地球与太阳在正午时分的位置；

Position of the Earth and Sun at Midnight: 地球与太阳在午夜时分的位置。

菲洛劳斯明确说明，毕达哥拉斯相信并教导灵魂转世说，单个的灵魂与神性、普遍的灵魂相联系，并有朝一日会回归这个普遍灵魂。菲洛劳斯确证："古代的神学作家和先知都可以证明，灵魂困于肉体之中是一种惩罚，灵魂困在肉体内，就如困在坟墓中。"受困于肉身的灵魂是因为其自身还没有得到完全净化（因而必须处于六道轮回之中），也正因为没有得到完全净化，灵魂反倒倾向于困于肉身之中，饱受肉体之乐的引诱，沉溺于感官之乐和肉欲。肉身的健康是和谐，人生病就是因为这种和谐遭到破坏，但由于灵魂的本质是最高的和谐而非肉身的平衡与和谐，单个的灵魂经由数字的法则而与普遍的灵魂即最高的和谐联系起来，永久性地脱离未净化的灵魂而进入脱离轮回的神性存在。合理性的人类与合理性的宇宙存在着确定的关系，而且是和谐的数学关系，万物都处在一个和谐整体关系当中。菲洛劳斯说："一切可能知道的事物都具有数，因为没有数而想象或了解任何事物是不可能的。"简要地说，毕达哥拉斯所倡导的一种宇宙观多属对神秘与宗教性质的认识，而菲洛劳斯则要面对爱利亚学派的挑战，从哲学层面重述毕达哥拉斯的观点，从而构筑了一套可以解释基本天文现象的学说。

菲洛劳斯比柏拉图年长五十岁左右，后者造访意大利南部殖民地期间，有可能见过老年菲洛劳斯，因而对毕达哥拉斯学派，尤其是菲洛劳斯关于有限无限者对立调和的和谐宇宙观有直接了解。无论是抱批评还是赞同态度，毕达哥拉斯思想通过菲洛劳斯具体地影响到柏拉图哲学，应当是不争的事实。

阿契塔：解倍立方问题的哲学王

出生于托伦特姆的阿契塔，其生活方式和研究内容都体现了毕达哥拉斯学派的传统。阿契塔是一位杰出学者，属于毕达哥拉斯学派中的数理派，师从菲洛劳斯，与柏拉图交好（尽管哲学思想上有分歧，关键时刻却派船搭救过柏拉图的性命，使其免遭叙拉古僭主戴奥尼夏二世之毒手），还辅导过数学家欧多克斯和梅内克缪斯，后世归诸欧多克斯甚或毕达哥拉斯名下的很多数学研究成果，极可能实际是阿契塔的手笔。最近发现，原来认为出自亚里士多德的一些力学论述，也可能是阿契塔的研究发现。阿契塔向来被誉为古代希腊伟大的数学家之一。

同时，他是出类拔萃的政治领袖，是既懂哲学又懂数学的人，能够成为卓越不凡的统治者的光辉典范。柏拉图《理想国》中的哲学王，事实就是以阿契塔为蓝本的。史料称，阿契塔在托伦特姆施行一种民主和法治，连续七年"被选举为"将军，他的卓越才能使托伦特姆的民众自愿打破这个职位不得长期连任的规则。音乐史家亚里士多塞诺斯声称，他父亲认识阿契塔本人，说阿契塔是"各方面都十分出色和优秀的人"，他领兵作战从未输过，只有一次，是政敌迫使他交权后，部下才为敌方梅萨比人或卢卡尼亚人所挫败和擒获。在政治与外交影响力上，阿契塔向来被认为是可与半个世纪前雅典的伯里克利相匹敌的风云人物。他在政治、军事与哲学上的造诣，不禁令人想起中国宋代创立心学的王阳明。

阿契塔坚守毕达哥拉斯传统，这使他与古代社会其他思想家区分开来。他认为，数和数学关系是打开宇宙知识大门的钥匙。跟其他毕氏门徒不同的是，阿契塔又是一位严格意义上的数学家，解决了希腊数学中著名的德洛斯难题，亦即倍立方问题——如何构造体积大两倍的新立方体。这个故事来源于一段传说：公元前429年，一场瘟疫袭击了希腊德洛斯，造成大量人口死亡。岛民们前往阿波罗神庙请求神的旨意，结果被告知，必须将神庙正中那个正立方祭坛加大一倍。人们便把每边增长一倍，结果体积当然就变成了八倍，瘟疫依旧蔓延。接着人们又试着把体积改成原来的两倍，但形状却变为长方体。阿契塔说明，这其实就是一个尺规作图不能的问题，但是，跳出这尺规作图的限制后，阿契塔就可以用涉及运动概念的三维新几何方法，即"立体"几何方法来解决这个复杂问题。事实上，阿契塔所要解决的，是希腊古典数学中相关联的三大难题之一，解决这些难题对几何学的发展极其重要，即化圆为方、倍立方和三等分角问题。后世亦不断有大数学家反复求解，包括他的学生欧多克斯、数学家梅内克缪斯、埃拉托色尼、蚌线发明者尼科梅德斯、阿波罗尼斯、丢克莱、斯波勒、比利时数学家圣文森特、法国数学家笛卡儿和韦达以及英国数学家牛顿。高斯曾说明此尺规不能的问题，但没有拿出证明，直至 1837 年，23 岁的法国数学家万芝尔才首先证明倍立方为尺规作图不能的问题。可以看出，仅仅在毕达哥拉斯去世一百年时间内，其流派的数学研究水平就发展到了相当高的水平。

从数学史上看，阿契塔第一次将"运动"概念引入几何学，通过旋转曲线的方式构造立体，假如他的著作得以完整留存（有上千伪作假托他的名字，只有四份残篇现在确认是他的手笔），古代西方最伟大的几何学家极可能是他，而不一定是欧几里得。如上所述，尽管后世有很多人也解决了倍立方问题，可是，阿契塔的解决办法是在没有坐标概念的时代完成的，而且他的倍立方解不是在平面，而是在三维中找到的。阿契塔曲线震惊数学界，从此成为空间想象的杰作。

阿契塔还研究过调和中项与等比中项问题（**证明连续整数无法找到几何中项的有理数**），为后世投影几何学和数论的发展奠定了基础，这些成果都纪录在欧几里得《几何原本》的第八章里。作为毕达哥拉斯学派弟子，阿契塔认为，只有算术而非几何才能提供满意的证明。但据说，柏拉图对以力学方式解决倍立方问题的阿契塔、欧多克斯和梅内克缪斯甚为不满，认为这些人玷污了纯洁的几何学。柏拉图的意思是说：几何学中一切美好的东西将因此而丢失和污损，一切本属于理念中的抽象事物，现在全都回归了可感世界，而

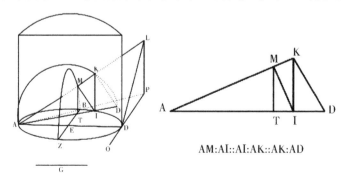

AM:AI::AI:AK::AK:AD

阿契塔倍立方解示意图

146

不是趋向升华，趋向无形与永恒的理念世界。

这个传说虽然让人看到阿契塔与柏拉图在哲学取向上的差异，但现代有学者专门研究该问题后发现，这只不过是人们神化毕达哥拉斯学派哲学主张的另一条证据。此事最早见于公元 1 世纪希腊史学家普鲁塔克的《席间漫谈》，说柏拉图对阿契塔求助"器具及力学构图"解决此难题不满，因为他认为几何及力学的价值在于让人的灵魂从可感世界提升至精神王国，此难题中的立方不是有形的立方，甚至也不是立方的构图，而只是智识中的立方，它符合立方的概念却不是感觉对象。阿契塔为求得两个比例中项而用到了有形器具，而有形器具的使用"要求有极凡俗的手艺"，因而他专注的不是精神世界，而是有形世界，从而贬低了几何学的价值。然而，普鲁塔克的这个说法，与我们在上图中看到的情形完全不符，阿契塔并没有用到器具或机械，而是一种几何演示，因而并非为实用目的。当然，图中半圆和三角的旋转，也可视为一种力学或机械力量，因为毕竟有运动的概念涉及其中，但普鲁塔克的这个迷人故事本身也可能是后世的杜撰，目的只是为力学的奠基或力学与哲学的分离添加浪漫色彩。柏拉图在《理想国》里的确抨击过他那个时代的立体几何，但并没有说研究几何学就不能用器具。

阿契塔不仅完善了以前的毕达哥拉斯谐音理论，而且还为这些理论提供了更广泛的声学和数学支持。他将这一套理论运用在"天体音乐"中，提供了一整套从概念到定义的演示和数学说明。音程与弦长的整数比率之间的关系（八度音、五度音和四度音与 2:1，3:2 和 4:3），在菲洛劳斯这里发展成为下列音程：9:8，9:8，256:243；9:8，9:8，9:8，256:243。这个音阶就称为毕达哥拉斯全音阶，柏拉图在《蒂迈欧篇》里借以构成世界灵魂的，就是这样一个音阶。菲洛劳斯借音阶理论表述其通过数来认识万物的认识论主张。到了阿契塔这里，他就要对整个八音度的全音程进行数学比例的描述，将和声学理论推向极其复杂的高度。他首先对音高进行一般性描述，认为音高取决于声音传播的速度。音高与速度相关这是没有问题的，但速度的作用他却没有说对。我们现在知道，音高并不取决于声音传递至人耳的速度，而是既定时间内的音频。振动更快的声音确实会产生更大的音高，但所有声音都以相同速度在同样介质内传播，这与音高无关。但阿契塔的这个错误理论却产生了很大影响，柏拉图、亚里士多德和整个古代世界都听信了这个理论。其次，他使毕达哥拉斯学派的谐音理论具备了更严谨的数学基础。阿契塔通过对整数比的音程进行分析后确认，不可能将基本音程分成两个完全相等的部分，但二倍八度音却可以，用数学的方法说，在对应于二倍八度音（4:2）的比例项之间，可以插进一个比例中项，这样就有 4:2，2:1。因此，二倍八度音就可以分成两个完全相等的部分，各自比率皆为 2:1。这样，基本音程的比率就可描述为（n+1）:n 的形式。阿契塔的论证方法稍加修改后，收录在欧几里得《几何原本》的命题 3 中。阿契塔还对音阶的结构进行了一番改造，使毕达哥拉斯、菲洛劳斯和柏拉图都接受的四度自然音阶（9:8，9:8 及 256:243）改造成为他自己略有不同的一个四度音阶（9:8，8:7 及 28:27），再细分成另外两大类，等音（5:4，36:35 及 28:27）和半音（32:27，243:224 和 28:27）这样的四度音阶可准确描述当时实际听到的音程。

阿契塔还特别提供了一套能够解释普通人为何听不到天体音乐的声学说明，尽管他的很多解释离现代物理学还有一大段距离。他这个发现还隐含着这样一层意思：明显存在于自然世界的某些东西，有时候却无法精准地加以测量，这跟早年在直角三角形中发现的无理数一样，对毕达哥拉斯学派认为这个世界充满理性的世界观造成冲击。但是，在阿契塔的时代，自然世界有时候无法以现有方法加以表述的事实，不再是形而上学方面的任何困难了。我们只是需要发明新的方法加以解决，比如可以借用运动和立体概念来解决传统的尺规不能的几何问题。在这里，他与柏拉图又发生分歧。在对音乐进行的数学研究中，柏拉图强调对于脱离可感世界的数本身的研究，但是，阿契塔秉承毕达哥拉斯传统，并不认为可感世界与智性世界存在不可弥合的鸿沟，他要寻找的是主宰可感世界的事物之后的那些数。

另外，他还投身物理学研究，钻研声音、光学和宇宙学，发明滑轮，论述杠杆原理。据说还发明过一种可能是通过气流驱动，在空中实际飞行了两百米远的一只木鸟，他称这只鸟为鸽子。现代科学家认为，那只鸟多半是吊在一根铁丝上移动的。在西方，他因此经常被人们誉为数学与力学奠基人。

阿契塔在现代科学诞生的差不多两千年前因何对各门学科产生如此广泛的兴趣，我们只能让读者去猜测了。出生于托伦特姆的阿契塔跟古代社会所有的贤能之士一样，上通天文，下知地理，在当时所知的差不多所有学科里展示了各方面的才能，尤其表现在他的科学研究方法论上。《和声学》是一部研究声学理论的专著，载有他确立的声学研究基本原则和研究音调的和声数学的具体方法。就在这部著作的开头，他还就普遍意义上的科学研究价值提出了指导意见，这也是构成西方博雅教育七艺中的四学科原理（天文、几何、算术和音乐）的最早文本。他称赞各门科学的献身者，因为他们"首先充分了解事物整体的性质，因而能够确知各个具体的部分，能对单个的事物获得正确见解"。这就是他对科学的本质及其价值的理解：首先要区分整体的性质、一门学科的普遍概念，然后才能确知各个具体的部分。比如在《和声学》中，他首先拿出这门学科中最普遍的概念——声音的定义，其次以冲击力等其他概念加以解释，然后再区分听得见和听不见的声音，以及高音和低音。但是，研究这门学科的目标却不是就普遍概念进行区分，而是获取各个具体事物真实本质的知识。这样，他的那部著作就以对我们从乐师那里听到的那些音程的数学描述而结束。如果是天文学研究，最终的结论就是对行星周期、起落的数学描述为结尾，但凡熟悉西方科学史的人都能看出，这个传统历经中世纪而一直延续到我们自己的时代。阿契塔的科学方法，实际是毕达哥拉斯传统经由菲洛劳斯在他这里的直接继承，后者曾提出的一个主张是：我们能够获取的关于任何事物的知识，全都取决于能否对这些事物拿出具体的数学解释。菲洛劳斯自己迈出了第一步，阿契塔却用对音程的数学描述完成了他自己对现象世界的具体事物的解释。

阿契塔在和声学方面的研究，使他差不多接近现代声学关于速度、音高、振动、振幅、介质等的定义，只差一步就能给出声波的定义了。他说，像木棍等在空气中造成的"冲击力"而形成的声音，速度越快音调越高，而且坚持认为，这种认识是从先师传承下来的神秘知识。当然，他还将"天体音乐"的知识传递给了柏拉图。关于人类为何听不到确切存在的"天体音乐"，他的回答比菲洛劳斯更进一步："许多声音人耳听不到，其中一些是因为冲击力不够大，再有一些是因为距离人耳太遥远，还有一些是因为太响而超出人耳的极限，这就如同往瓶口太小的瓶子里倒水，结果一丁点水也倒不进去。"

阿契塔就科学、数学、音乐学说和政治哲学所说的诸如此类的话，就是柏拉图向西方文明介绍的毕达哥拉斯学派思想。因此，希腊人及后世的西方人都是通过阿契塔这个窗口来了解毕达哥拉斯思想的。

阿契塔的宇宙论没有确切资料加以说明，但有一个著名论证跟他联系在一起，这就是"关于空间无限性的最强有力的论证"。他说："假如我到了天边，那我还能不能伸出手或一根棍棒到这个边线之外？伸不出去，那就不是我们所说的空间观念。"但如果能伸出去，手指或棍棒就会划出新的周界，如此往复，何处是边？柏拉图和亚里士多德都认为宇宙有限，可是，后世斯多葛学派、伊壁鸠鲁学派、洛克和牛顿都受阿契塔这一论证的影响。阿契塔的时代没有对物质本质的物理化学研究成果可以参照的，因此对质量、运动与时空的关系的理解总是有限的。现代物理学认为，空间有限但可以没有边，这跟物质运动的速度紧密相关。但是，阿契塔的这个论证，本意可能是想贯穿菲洛劳斯关于有限与无限之间通过和谐进行调节的哲学思想，即具体的事物有限，但空间和时间可能无限，有限的物质与无限的时空依靠和谐的原则进行调节，才能让我们看到一个和谐有序的自然世界。

然而，说阿契塔是优秀的毕达哥拉斯传人，并不是指他在当日达到了全希腊最高的数学水平或投身其他许多学科的研究，而是指他坚守的毕达哥拉斯神秘主义传统，理性研究总是与神秘主义的灵命追求融为一体。他看世界，总是希望寻找出隐藏在自然背后的支撑性的数与几何。"为什么动植物的各个部分（除开内部器官以外）都是圆形的？在植物中，杆茎和枝条是圆的，在动物中，大小腿、胳膊和胸腔都是圆的。为什么动物的整体和部分都不是三角形或多角形的？"因此他提出："自然运动中一定存在着一种平等的比例，因为所有事物都按比例运动，而这又是唯一会回到自身的运动。当这种运动发生时，它就会形成圆和圆形弧线。"他认为，各门科学的研究目标，是要用比例关系来描述个别的事物，因此，算术才是最重要的科学。合理性的估算和对比例的理解，也是个人生活和公正的国家所必需的。

可见，对事物背后的数学关系的研究，并不局限于自然世界。阿契塔用数字和比例来解释政治关系和个人的道德行为，作为一位政治家和将军，他认为万物的统一必然包含伦理学和政治在内。数学的价值可以延伸至政治舞台和人生方式，这明显也是毕达哥拉斯学派的传统。首先，一个稳定的政体，其基础便是合理性的估算，这样，不和谐就会消失，和谐便会增多。有了合理的估算，人们就不想多要任何东西，这就是平等，人与人交往就能依照这个估算达成相互理解。贫穷的人得到有钱人的给予，富有的人也会施舍穷人，大家都会觉得自己得到了应有的份额。清晰的估算和比例，会消除人们要争得更多的欲望，因为正是人人都想得到更多份额才导致纷争。如此，阿契塔便主张一种比柏拉图所构想的更民主的政体。同理，个人的美好生活也基于合理性的估算，这跟国家的稳定是一样的道理。他认为，理性（合理性的估算）是人之为人最优秀的部分，人的一切行为都应当基于其上。他并不认为所有肉体之乐都会败坏人性，他本人喜欢跟小孩子一起玩，认为友情是人生的美好部分，但是，纵情肉欲却会干扰理性的发挥。比如，人在到达性高潮的时候，就很难保持合理性的估算能力。人越是追求肉欲之乐，合理性的估算能力就越是差。因此，人万不可沦为激情与冲动的奴隶，而要作理性的主人。有传言说，他从不惩罚自家奴仆，因为如此他便是在纵情恼怒。他也从不在动怒时大声喊叫，而是把想骂人的话全都写在墙上。

阿契塔是最典型的毕达哥拉斯信徒。在毕达哥拉斯学派的所有成员中，他是数学成就最大的一位，为几何学、算术及和声学都作出了巨大贡献。他的个人生活方式也体现了毕达哥拉斯强调的节制和禁欲原则，尽管并没有确切的资料说明他相信灵魂转世学说或毕达哥拉斯提出的其他宗教思想。他的一切科学研究成果，都是毕达哥拉斯学派在公元1世纪的罗马得到复兴的重要原因，贺拉斯、普罗勃提乌斯和西塞罗都对他给予高度评价。正是他巨大的科学成就，使得伪托其名的著作不断涌现，远远超过人们伪托毕达哥拉斯本人的程度。他的巨大影响力历经中世纪而一直持续到欧洲文艺复兴时期。

学界认为，阿契塔在毕达哥拉斯学派与柏拉图之间起了很好的桥梁作用，但事实上，阿契塔与柏拉图在许多重要的哲学观念上彼此冲突。柏拉图《理想国》的第七部分有对阿契塔和声学的批评，同时还包含对其立体几何学的责备。柏拉图认为可感世界与观念的世界之间存在分裂，这可能就是针对阿契塔的，因为阿契塔拒绝将数字与具体事物分开。柏拉图认为宇宙有限，而阿契塔并不同意，亚里士多德可能因此更愿意接受阿契塔的思想，因而专门写了四本书来介绍后者。很明显，阿契塔对柏拉图和亚里士多德两人都产生了巨大影响，我们从后文专门论述毕达哥拉斯学派与柏拉图和亚里士多德之间的关系中会看得明白。

第 7 章

毕达哥拉斯与古希腊哲学：柏拉图、亚里士多德、普罗提诺

　　约在公元前389年，恩师苏格拉底去世后，柏拉图离开雅典，登上了驶往西边爱奥尼亚海的一条船，直奔托伦特姆，那是意大利南部统称为大希腊的最古老的沿岸殖民城市之一。他要去那里追寻毕达哥拉斯思想。他听说，毕达哥拉斯虽然去世百余年，但托伦特姆那里至今仍然有许多奇人自称毕氏门徒。

　　人类社会中一个常见的现象是：一位伟大的思想家，假如他的门徒或以他为旗号的社会团体表现出持续的活力，这个人物的一切便会不断地神化，他本人会成为一个传奇。这

个社会现象，拿毕达哥拉斯来作例子是再合适不过了。在他去世百多年后，关于他的传奇在希腊世界不胫而走。有人相信，他是世上最聪明智慧的人，与神灵无异。但也有人认为，公元前500年和前454年发生的社会动荡，已经毁灭了以他为大师的兄弟会，因此，珍贵的毕达哥拉斯思想也就随之消亡了。这年，38岁的柏拉图跟差不多在相同年龄到达大希腊的毕达哥拉斯一样，踏上了追寻真理与智慧的道路，来到了风景秀丽的地中海沿岸城市托伦特姆。

在众多毕达哥拉斯传奇中，其中一个说，克罗顿的米洛之家遭政敌纵火烧毁，但毕达哥拉斯本人并没有葬身火海，而是侥幸脱逃，败走托伦特姆，并在这里继续生活了许多年，甚至还建立起了新的兄弟会。由于这里离克罗顿隔着足够安全的距离，随同逃出的弟子也在当地安顿下来。毕达哥拉斯去世几十年过后，这里就成长起来一位旷世奇才阿契塔，成为希腊世界人人皆知的毕达哥拉斯传人。柏拉图来托伦特姆寻访毕达哥拉斯智慧，因此而与阿契塔交好。尽管他与阿契塔在很多哲学问题上观点并不一致，但毕达哥拉斯学派的主要成就和信仰，就通过柏拉图传回雅典，并对柏拉图和亚里士多德为代表的希腊哲学产生了巨大影响。

然而到了柏拉图的时代，主要是因为受到毕达哥拉斯学派哲学的影响，希腊哲学研究的对象和范围，已经不再是整体的宇宙万物，而是人和人类社会。关于社会公正、国家本质、人生意义等关系社稷民生的问题，也已进入讨论范围。另外一方面，哲学研究的重心，也已从追问本原转向存在根据，对无情自然万物的研究，转向了对有情世界的精神现象研究。并且由于毕氏学派钻研数学的风气之影响，对世间万物的评判，已经不再是直陈宣称，而要求有严格的逻辑推理，即在概念基础上进行命题的分析与判断。

柏拉图的理念世界

已届不惑之年的柏拉图，一方面与叙拉古的僭主周旋，卷入当时的政治斗争，另一方面又在托伦特姆广交贤达，对大希腊殖民区的学问了如指掌。之后满载而归，在雅典城郊西北角一座为纪念英雄阿卡德穆而设的运动场附近创立了自己的学校，后世称为学园。中间除间或去往西西里企图实现政治抱负外，柏拉图一直在这里著书立说，传授弟子，直到公元前 347 年终老。

柏拉图出身雅典名门望族，自小便有了完备的教育，对诗歌、戏剧和政治都有浓厚兴趣。青年时期结交苏格拉底之后，对哲学产生了终生不辍的兴趣。成年之后，他听闻意大利南端毕达哥拉斯学派的学说，只身前往，数年后回归雅典，创立了独具特色的系统哲学，成为希腊哲学的高峰之一。

关于柏拉图在西西里和意大利南部一带的活动，相关资料性质混杂，有的说柏拉图拜阿契塔为师，有的说恰恰相反。传说中出自柏拉图之手的《第七书》详细记载了柏拉图与阿契塔之间的关系，包括他们在学术上的交流、辩论和政治生活中的相互支持。这些相互矛盾的证据，让我们如何确定这两位哲学家之间关系的实质呢？柏拉图《理想国》的第七篇，曾直接引用过阿契塔《和声学》中的一段话，此前该篇就求积法进行的一番讨论，多半也与阿契塔在立体几何上的研究有联系，但柏拉图出于哲学立场而对毕达哥拉斯学派的和声学和立体几何学的研究持批评态度。因此，他一定从阿契塔那里了解到很多数学方面的知识，但对阿契塔关于科学之用途的哲学理解却并不赞同。当然，友人之间存在哲学歧见也是常有的现象。结合其他资料，可以确定在托伦特姆访学期间，柏拉图从阿契塔那里掌握了毕达哥拉斯学派关于政治、伦理、数学、音乐理论等多方面的学说，并主要通过如《理想国》等的对话录形式阐述他们的思想。这些学说包括：

数学。除传统的毕达哥拉斯数论（关于整数的学问）外，倍立方、三等分角和化圆为方是阿契塔时代典型的几个相关数学难题。阿契塔引入运动和旋转的三维立体几何概念解决了倍立方问题，从而使代数和几何这两门学科在各自作用和手段方面引起争议，足见毕氏学派在当时已经达到的数学水平的高度。

和声学。阿契塔还大大推进了经菲洛劳斯加以扩展的毕达哥拉斯时代的谐音学说。阿契塔证明，(n+1):n 形式的比（如 5:4 或 9:8），不可被比例中项分成两个相等部分，这个证明对音乐理论极其重要。他还用等音和半音音阶来描述当时实际使用的音程。后世包括欧几里得和托勒密等在内的学者都认为，阿契塔在音乐数学中的精确研究，完全符合毕达哥拉斯数学与音乐理论，比如托勒密就说："阿契塔是毕达哥拉斯学派里专精音乐的大师。"

科学分类与科学价值。阿契塔在《和声学》的序言中提及各学科的分类，最早提出四艺说，即天文、算术、几何与音乐，成为后来西方文科七艺的先声。他强调科学研究中的整体与局部的相互关系，认为科学研究的价值，应当在于用数字与数学关系来描述现象世界的个别事物。柏拉图认为应当将立体几何包括在四艺中，但否定以阿契塔为代表的毕达哥拉斯学派太过注重数字与可感事物的联系。

光学与力学。毕达哥拉斯学派对音程基于整数比的事实有深刻印象，同理，他们对光学现象可以用几何图案来解释的现象也很是注意。阿契塔发展出一套对于视觉的理论构想，并试图解释镜子造成的一系列现象。他单从人眼的视线来论述光学，但柏拉图认为，视线之外，还必须有外部光线的辅助才能辨清事物。阿契塔将菲洛劳斯在这方面的理论完善化，并给予数学支持，使其成为较为全面的科学门类。在力学方面，拉尔修称阿契塔为"利用数学的第一原理而使力学系统化的第一人"，因此，现代有学者认为他是力学科学的奠基者。当然，古代力学指的只是对机器的操纵，比如磨坊设备、提水工具、投石器等作战工具，而传说中阿契塔制作的以滑轮、配重物和气流驱动的木头"鸽子"，极可能是一种战争武器的代称。但他在解倍立方问题时使用的旋转、运动概念，才可能是后世对他投入力学原理中的基本概念的称赞理由。倍立方问题的解决让人明白，根据既定比例，可以仿造更大或更小的物体。因为有了这样的概念，在模具基础上构造更大型设备就是一个轻而易举的思想过程了，这是史学家帕普斯说阿契塔的倍立方解是实用力学中最关键的三大几何定理之一的原因。

伦理学与政治哲学。毕达哥拉斯学派的一个明显传统，就是希望在人类的相互关系中确立合理性的数学关系。基于平等与合理的分配，人类社会才能处在健康的和谐状态，穷者与富者能够在公平意识中彼此和谐，相互制约。在阿契塔这里，"基于筹算"的公平分配，能够协调各种社会力量，人人都觉得自己有了应得的部分。民主和公平，都必须基于理性的考量。个人的美好生活以及国家的稳定安康，都必须基于合理性的筹算与计划。因此，他主张人应当过有节制的生活，不可让激情扰乱理性行为。

认识论。毕达哥拉斯学派关于宇宙以及物理学等方面的知识，在阿契塔之前便已经相当完善了，他只是用一个在古代非常著名的关于空间极限的诘问来推出事物有限而空间无限的概念。阿契塔认识到，不规则和不平衡并非柏拉图所认为的那样等同于运动，而正是运动的原因。他认为万物都按照各自的比例发生运动，不同的比例决定着不同性质的运动，相同的比例构成自然的运动，这就是他所说的曲线运动，而曲线运动可以解释为什么植物与动物的某些部分都是圆形而非三角形或多角形。现代有学者认为，这正是柏拉图强调天体会保持一致的圆周运动的原因。更为重要的是，毕达哥拉斯坚守的"万物皆数"的认识主张，在阿契塔这里得到传承。菲洛劳斯的表述是：可知的事物都有数，没有数的事物是不可想象的，在阿契塔这里，谐音、天体以及相关的各门学科，都是人们从数量关系认识万物的途径，而且是唯一正确的途径。纯净的概念世界，必须在具体可感的感官世界里得到数学的确认。

总体而论，阿契塔是柏拉图在托伦特姆能够找到的最理想的毕达哥拉斯学派弟子。他是哲学王的典型，在几何学、算术与和声学等学科里成就卓然，在个人生活中也体现出毕达哥拉斯学派的伦理与道德。阿契塔与柏拉图的交往，混杂着哲学上的种种分歧，而这正是毕达哥拉斯学派的思想在柏拉图这里得到全盘介绍的明证。柏拉图在自己的哲学系统中多大程度上受到了毕达哥拉斯学派的影响，可以在他的理念论中略见一斑。

在埃及和包括西西里在内的大希腊地区游历十多年后，柏拉图开始了在学园招徒授业、著书立说的学术生涯。他广纳当时已知世界的全部学问，构筑起西方哲学的第一座高峰，使毕达哥拉斯创立的哲学观念第一次成为真正意义上的严谨学问。他以与众不同的方法系统地探讨伦理学、政治学、形而上学和认识论方面的问题，成为后世任何一位哲学家都无法绕过的先辈。

柏拉图的全部学说大概可以归为以下几类：

理念论。理念论实际区分了两个不同的世界，人类感官感受到的世界总是有瑕疵和充满谬误的，但有一个由理念构成的更真实和更完善的世界，它是永恒不变的，是我们这个世界的结构与特性的范式。在这些脱离时空的抽象对象中，最重要的是善、美、平等、统一、存在、变及不变等理念，在可感世界与可知世界之间，隔着巨大的鸿沟，人类认识往往难以跨越。据此，人类的灵魂只是寄身于不完美的肉身。超越的理念世界，通过分有与模拟而与现实世界产生联系，可感世界的一切，以这个理念世界为存在的根据，并以这个真实的理念世界为最终目的。

灵魂论。首先，灵魂是不同于，也不依赖于有形世界的一种存在，理念或可知世界的知识不可能通过有限的人类感官获得，因此，灵魂的存在与转世，才是唯一的认识论之可能。"灵魂是已经存在、现在存在和将要存在的一切事物及其相反物的第一源泉和运动因。"不朽的灵魂由理性、激情和欲望三部分构成，这各个部分的主宰状态，决定人的灵魂的特质与个性，也是灵魂流转于各个世界的原因。灵魂的各个状态，是对我们前生所作决定的某种惩罚或褒奖，经过适当的培训（学习），灵魂能回忆起原先认识到的理念世界。但是，灵魂也有等级之分，计有：最高的世界灵魂，是神的影像和第一创造物；独具理性的人的灵魂；然后是虽无理性却照样包含激情与欲望的动物灵魂；最后是具有欲望的植物灵魂。而灵魂的不朽，则可以通过回忆说、运动说和神性论得到证实。

认识论。由于变动不居的可感世界与永恒不易的可知世界之间存在着一条鸿沟，柏拉图通过比喻的方式独创了一种联通两个世界的认识论，称为"日喻""线喻"和"洞喻"。正如可感世界里有光芒四射的太阳使人得见万物，理念世界也有至善的观念深藏于人心。人的灵魂具备这样的善，具备这样的认识事物的理性能力，因此也可以看到这个世界的具体事物。可知世界与可感世界又如同在同一根线上的不同段落，可知世界分为数理理念和伦理理念，各自都有原本和摹本，人的灵魂相应也具备猜想、相信、推论和理智的功能。可感世界如同洞中影像，并非事物的原本，需要借助太阳和我们内心善的理念，人的灵魂才能认识真正的事物。

创世论。柏拉图的创世论基于其四类存在说。第一类是无确定性的"无定"存在，第二类是可以归结为一的"有定"存在，第三类是前两类存在的混合，第四类则是促成第三类存在的原因。数目理念使这几类存在彼此连通。在此基础上，他提出，可感的宇宙是创造出来的，"凡生成者，必有生成之原因"。创造的模本，就是可以为理性所把握的"自我同一的范型"。创造者依照永不变易的理念，借用存在着的元素来创造出合数合比例的有形世界，有圆球形天体，有时间，有各样动物，最后是人的创造，包括人的理性与非理性灵魂和肉体。

政治哲学与伦理学。柏拉图基于正义概念的理想国，应当是人类改造社会最早的乌托邦原型。他本人还多次亲赴西西里，希望找到实践乌托邦理想的机会。他认为国家应当由统治者、武士和生产者构成，分别代表智慧、勇敢和节制的德性。这三个阶层各司其职，各守其德，国家和社会生活便会得到正义，前两者不得拥有私产，以确保社会公正。

可以看出柏拉图哲学最主要的几个方面，差不多处处都能见到毕达哥拉斯学派的痕迹。首先，理念论的可知世界与可感世界，实际就是"万物皆数"的翻版（**罗素说，理念论起源于毕达哥拉斯学派**），逻辑上的数的概念与具体的数目不同，正如事物的理念与具体的事物不同，共相与殊相不同，殊相和具体的事物，都不过是共相和抽象事物的摹本，理念的世界永恒不易，而有形的万物各有各的缺陷。因此，两个不同世界里的事物同时也是两种不同的存在。无形可知的数，与有形可感的几何形体，构成灵魂可知和肉体可感的两个世界。连通两者的就是数，"没有数的事物是不可想象的"。柏拉图晚年在理念论上捉襟见肘，正是因为他试图脱离毕达哥拉斯传统而又没有找到合适的途径。理念论尽管受到爱利亚哲学的挑战，但这正如科学与信仰之间的关系，属于信仰层次的理念，即灵魂的最终归宿，怎么可能用属于此世的逻辑推理来证实呢？就灵魂本身而言，什么样的科学也拿不出一步一步的演示而说明它的存在，正如现代科学无法证明神的存在或不存在。

灵魂论更直接是毕达哥拉斯的独创，柏拉图在多篇对话录里借苏格拉底之口提及的一些谈论灵魂永生不死及灵魂转世的"男女祭司"，指的就是毕达哥拉斯门徒。柏拉图只是在灵魂当中引入了理性、激情和欲望的详细划分，说明灵魂的最终归宿是成神成圣。"日喻""线喻"和"洞喻"的比较，可以理解为对"已知的事物皆有数"的诠解，看到形而不见数，就是没有看到事物的本质。这个认识论事实也是对理念论的证实过程，可感的世界经由灵魂的回忆过程才能通达纯净的理念世界，没有灵魂转世的概念，两个不搭界的世界显然只能彼此永隔。没有理念世界的光照，人看到的只是影子的影子，永远在虚假与变动不居的世界里流转迁移。用现代的话说，没有信仰和导致信仰的启示，人的理性断不能看透真实的世界和人生意义。

柏拉图的创世论实际是对其理念论的重新解释，足见毕达哥拉斯思想对他的深重影响。政治哲学与伦理学，可以说是毕达哥拉斯在克罗顿和托伦特姆的兄弟会的社会实践的理论总结，尤其是关于管理者和武士不得存私产的主张。

柏拉图深受毕达哥拉斯学派的思想影响，主要是他直接看过菲洛劳斯的著作《论自然》。有学者指出，《蒂迈欧篇》关于宇宙生成的思想，可能直接抄录自该书。《斐多篇》关于回忆、灵魂不灭、灵魂转世等，都是毕达哥拉斯思想的核心概念。其次是柏拉图与阿契塔的直接交往。《蒂迈欧篇》中的主角和《理想国》中的哲学王原型，实际就是阿契塔的化身。除此之外，诸如《高尔吉亚篇》《美诺篇》《斐德罗篇》《泰阿泰德》《斐利布篇》等，也同样有毕达哥拉斯学派的思想痕迹。

毕达哥拉斯在克罗顿和菲洛劳斯及阿契塔在托伦特姆的政治实践，对柏拉图的政治理想也起到极大的激发作用。尽管并没有在叙拉古的政治中成功，但《法律篇》还是详细记录了这位伟大思想家在政治事务中的深思熟虑。《理想国》有相当一部分内容专论日常社会生活中的习俗和制度，包括家庭、私有财产和多数人的统治，即是说，他还是希望改造或改善当时的政治生活，而不是逃避。再如《法律篇》中，大量的篇幅用于讨论投票程序、惩处、教育、立法及对公务员的监督问题，如此细致入微的思考，只可能来自一个希望改善这个可感和不完善世界的现实生活的思想家。

柏拉图将毕达哥拉斯学派的思想带回雅典，开园讲学，从而将经他系统化的毕达哥拉斯思想传播至整个西方世界，构成了希腊哲学的命运转折。这个转折，在某种意义上反映了柏拉图自己从现世的道德与政治关怀转向以数学、形而上学、宇宙论、灵魂、来生等精神层面的关怀。他的全部研究成果，贯穿着两条最基本的毕达哥拉斯原则：1）支撑此世的数学结构及破解自然奥秘的数学力量；2）灵魂存在且永生不死。

学园的组织结构以毕达哥拉斯兄弟会为楷模，连开设的课程也极其相似，计有算术、平面几何、立体几何、天文学、声学及和声学。从这些课程的设置可以看出，学习研究的目的不是了解现象世界，而是要让人的思想从经验世界的纷纭变化转向世界背后永恒不变的架构，从生成转向存在，从此生走向彼世，从可感世界通达可知世界，从易于朽坏的肉身走向永生不死的神性存在。最重要的是，学园的建立及组织，可能也是毕达哥拉斯兄弟会的直接影响，即以现实中的团体组织实践政治哲学与伦理诉求，使超越现象世界的灵命追求体现在人类社会的具体生活模式中。从这层意义上说，柏拉图主义也就是毕达哥拉斯学派的再生，使超越现世束缚而追求灵命安顿的这一派哲学建基于西方，并成为科学与宗教、理性与信仰并驾齐驱的万世师表。当英国哲学家怀特海说，西方哲学史不过是为柏拉图的思想作注脚的时候，他是在这一层超越现世的灵命追求的意义上说的。

正如历史所揭示的，许多精细差别都将消失在时间的长河中。强调存在一个纯净的灵魂世界和此世存在数理结构的毕达哥拉斯主义，与强调存在脱离时空因而脱离因果关系的抽象理念与世界灵魂的柏拉图主义，历经数百年的重述与错位，已经混成一团，难分彼此。但是，从希腊诸神到基督教的一神，毕达哥拉斯—柏拉图—普罗提诺传统的确起了至关重要的扭转作用。"数""理念""世界灵魂""灵魂转世""德穆革""理性与非理性灵魂""可知与可感世界"这些观念，经新柏拉图主义的普罗提诺整理提炼后，为发展为基督教的大部分核心教义作好了理论铺垫，而这是我们今天还能看到的历史真实。

亚里士多德的嘲笑

相对追求神秘宗教和数学及抽象理论的毕氏学派和柏拉图，亚里士多德更以实证科学的哲学分析见长。毕达哥拉斯和柏拉图将希腊哲学从自然哲学拉回人间，要在人间实践灵命的安顿；亚里士多德却又将希腊哲学重新推回对自然世界的探索。

亚里士多德是第一个起而批评柏拉图的人，按罗素的话说，对于柏拉图学说，亚里士多德陈述时相当可靠，而解释柏拉图学说的意义时，我们却有理由怀疑，因为他时常借解释前人的机会来宣扬自己的思想。可巧的是，他们两个对毕达哥拉斯的看法却相当一致，都认为他是大希腊最优秀的宗教活动家和教育家。亚里士多德认为，毕达哥拉斯是一种生活方式的缔造者，而不是前苏格拉底时代的哲学传统中讲求宇宙学和形而上学的那一部分哲学的代表，比较而言，菲洛劳斯倒是更符合他心目中的哲学家形象。然而，古代和现代的学者都看到，柏拉图在很大程度上继承了毕达哥拉斯思想并使其在雅典发扬光大，而亚里士多德在批评柏拉图的时候，却反复地提及毕达哥拉斯。在现已失传、仅剩断片的两卷本长篇文论中，亚里士多德倒是提及过毕达哥拉斯本人，但只是提及他创立灵魂转世宗教的事实，还有他禁吃豆子和将蛇咬死的逸闻趣事，认为他是一个行神迹的人。究其原因，人们推测，是因为他并不认为毕达哥拉斯属于自米利都哲人开始的自然哲学研究派系。

亚里士多德是色雷斯而非雅典生人，父亲是马其顿国王的宫廷御医，他从 18 岁起便入了柏拉图的学园，二十年后柏拉图去世才离开学园开始游学（**历史的巧合：毕达哥拉斯、柏拉图和亚里士多德都在 38 岁的年龄开始远游**）。他在学园从事过动物分类学研究，游学期间还研究过海洋生物学，晚年回到雅典，开办了自己的学园（吕克昂），以逍遥哲学著称，后因政治动荡避居加西斯直至辞世。

究其一生成果，亚里士多德最大的学术贡献，是将散见于各种对话录中的柏拉图思想整理成册，形成逻辑学著作，但这并不妨碍他与柏拉图在许多重要的方面存在分歧。一条隔开这两座哲学高山的意见大河，就是亚里士多德对柏拉图理念论的批评，后者认为，人所知的这个世界，只不过是人永远也无法理解的那个真实世界的不可靠映象，而前者却确信，人所知的这个世界，本来就是一个真实的世界，此世与彼岸的相隔，就如同这水火不容的歧见。究其根源，还是亚里士多德对毕达哥拉斯主义所持的消极态度。在《形而上学》的一个段落里，记有这样一段描述毕达哥拉斯哲学的话："上述哲学之后，就是柏拉图的著作了，大部分只不过是意大利哲学中那些人的思想汇报，尽管也自有一些特色。"如此评价导师的学术成就的方式，我们只能用藐视一词来形容，至于针对的是柏拉图还是"意大利哲学"，实在并无太大差别。有趣的是，由于人们对经柏拉图转述的毕达哥拉斯哲学的真实情形心存疑问，而亚里士多德又是最早全面广泛地研究过包括菲洛劳斯和阿契塔在内的前柏拉图时期毕达哥拉斯思想的学者，且是后世毕达哥拉斯弟子和传记作家杨布利柯、波尔菲里和拉尔修三位都最为倚重的资料来源，因此反倒是通向真实毕达哥拉斯主义的一扇大门。然而正如我们所强调的，柏拉图与亚里士多德虽然都是哲学高山，却是生着不同树木的不同性质的高山，亚里士多德对认识此世的感官知觉与理性的过度信任，可能意味着他不是没有能力而是没有意愿去恰当地解释毕达哥拉斯—柏拉图的出世传统。

关于数本身的讨论即是一例。亚里士多德在著作中说，将柏拉图和毕达哥拉斯学派与之前的古代思想家区分开的，正是他们认为数与日常感知的世界大为不同的看法。然而，一方面，毕达哥拉斯学派认为数与现实世界的距离并没有柏拉图所说的那么遥远和独立，另外一方面，对毕达哥拉斯学派而言，数比柏拉图想象的"更为根本"。假如这样的不同令人困惑，对亚里士多德而言则更是如此，因为这些观点的确使人困惑。无论数是独立于可感世界的，还是对于什么东西而言是"更为根本的"，亚里士多德都无法站在他们的角度思考，而早期的毕达哥拉斯学派根本也不会提出这样的问题。总体而论，亚里士多德是在对毕达哥拉斯学派进行庸俗的解释，低头看地的时候，就无法明白仰头朝天的人在思考什么。对于毕达哥拉斯学派而言，明明在和声的构成中发现了确凿无疑的数字关系，在天体与数本身的构成中也发现了特别的数量关系，这样的发现总得意味着什么吧？假如毕达哥拉斯学派要赋予数以构成宇宙的物质作用，他们当然首先就得问：到底什么是数？数在创造、撑持与控制有形宇宙的过程中到底起什么作用？都有什么样的力量？由于从来都没有人正面回答这样的问题，毕达哥拉斯传统的思想家们自然必须要追问下去，当然就会拿出各式各样的猜测与推想，比如数学和几何学跟眼前这个世界的关系到底是怎么样的？鉴于这个世界的复杂性，他们自然就会推测，有形世界一定比任何人能够想象到的更为神秘，更为复杂，更加密切地与某种至高的理性联系在一起。这样，一代一代的毕达哥拉斯门徒就要循此追问下去，每一代人都有不小的斩获。亚里士多德要追究事物存在的符合逻辑的四因，而对于相信石头和灵魂具备同样现实性的毕达哥拉斯学派而言，灵魂的存在如同灵魂必然转世一样，都是并不需要任何脱离信仰的别种解释的，换句话说，亚里士多德探讨事物存在根源所用的方式与方法，并不是毕达哥拉斯学派所熟悉的，也不是他们真正在乎的。

亚里士多德在毕达哥拉斯哲学中发现的一与多、共相与殊相、数的抽象与物质意义、数与世界的关系等诸多矛盾，根源于亚里士多德自己看待事物的不同方法。用毕达哥拉斯专家伯克特的话说："事情越来越明显，毕达哥拉斯学派的说教无法用亚里士多德的术语来表达。他们的数是'数字的'，可是，考虑到数字具备空间和实有的本质，数又不是'数字的'。数似乎被设想为物质，但它们看起来又像是形式。数本身是存在，但又不是纯粹的存在。"另一位专家古斯理说得更明白：亚里士多德用自己的一套理论搞乱了早期毕达哥拉斯哲学，数到底是构成事物的"质料因"还是"形式因"，早期毕达哥拉斯门徒根本都没有这样的概念和区分。

究其根源，亚里士多德认为，毕达哥拉斯的门徒仅只相信数字是具体和有形的物质，他明显并没有看到，毕达哥拉斯的思想是可以有别种解释方法的，因而觉得毕达哥拉斯学派思想浅陋，太过粗糙。假以语言学的深刻知识，亚里士多德本应当明白，在他那个时代，希腊人对语言中的"同样"和"相似"概念并不加严格区分，因而看不出，在"世界由数字构成"和"世界好像由数字构成"这两个命题之间，并不存在他所认为的实质差别。尽管早期毕达哥拉斯思想也存在武断臆测之处，但是，"有了数字，人类所知的一切才有了意义"这样的陈述，放在任何时代也不为过。至于数字本身的性质，就像对于灵魂的认识一样，说数字构成宇宙，跟说石头构成大厦一样，对毕达哥拉斯门徒来说是同等性质的陈述，正如爱因斯坦说 $E=mc^2$ 的时候一样，假如他认为这完全是一个科学而非宗教与科学混杂的陈述，则亚里士多德也会产生同样的困惑：没有任何人能够在排除宗教信仰的同时拍着胸脯严格定义什么是能量，什么是质量，什么是光速，甚至什么叫光的平方（所谓自己乘自己）。

如前所述，亚里士多德对毕达哥拉斯学派的"天体音乐"和谐论也持嘲讽态度，认为"数字即和谐"是奇谈怪论，这跟他对毕达哥拉斯学派发现的五个正多面体的看法也是一样的。他认为，对几种"完美"正多面体的看法，只有像毕达哥拉斯学派这样执迷于数字的人，才会想到要用数学和几何去解释天上地下的背后隐藏着的一切奥秘。可是，学界公论是：相对亚里士多德对逻辑学和当时有限的几种自然科学的研究而言，他对天文学，尤其是与天文学相关联的灵命诉求所知甚浅，不是他没有这份智慧，不是他没有这个能力，而是因为他自己解释世界以及与此世相关联的一切的方式与前人相异，与他对此世与彼岸的认识态度相关。

柏拉图在《蒂迈欧篇》中，将五种正多面体当中的四种与四元素联系起来，这个思想显然来自毕达哥拉斯，因为毕达哥拉斯曾说：土来自正方体，火来自锥体，气来自正八面体，水来自正二十面体。但亚里士多德却说，毕达哥拉斯学派并没有在"有关元素的知识上增添任何新东西"。面对确凿证据，亚里士多德仍然要否认毕达哥拉斯学派在元素论上的贡献，这是他嘲笑元素与立体存在任何关系的看法的结果。

当然，毕达哥拉斯学派在音乐与数字的相互关系中有了伟大发现，当日跟今天一样具有宏大的科学与认识论意义。然而，自然毕竟不是毫无神秘性可言的一块白布，西方人还要花费好多世纪的时间才能明白毕达哥拉斯哲学的真实意义。

在伦理学和灵魂论方面，亚里士多德及其弟子照样传承

176

嘲讽毕达哥拉斯哲学的做法，柏拉图与毕达哥拉斯在亚里士多德这里受到轮番交替的攻击。以至于在后世，柏拉图主义与毕达哥拉斯学派不分彼此，简单地说，柏拉图就是毕达哥拉斯门徒。

直到公元前300年左右，亚历山大城的欧几里得才给予了数学和几何学以新的生命形式，他以超凡卓越和全面的方式使数字的魔力产生真正用途，超过了古代社会任何一个人所能够做到的。他坚信，数学是通向真理的宝贵向导，从而体现了毕达哥拉斯学派在精神和哲学两个层次上的信念，尽管他并不自认是毕达哥拉斯门徒，事实上他也不属于任何一个毕达哥拉斯团体。有一个故事说，有人问欧几里得：数学公式到底有何实际用途？他转身看着自己身边的奴仆，发出一声嘲笑，然后说："这人想从学问中谋利，给他一毛钱吧。"这显然也在回应毕达哥拉斯曾经用过的一个警句："一幅图就是（通向知识的）一大步，不是一毛钱。"

欧几里得《几何原本》是对以前已有数学成果的全面总结和整理，也是极有创意的系统化数学著作，不过其中大部分内容，他都不加区分，并不说明哪些是前人的，哪些是他自己的成果。他了解毕达哥拉斯定理，并将该定理收录为第1章的"第47命题"，但并没有特别指明这是毕达哥拉斯的发现，但也没有说明那是他自己或其他什么人的发现。他似乎主要通过阿契塔了解到早期毕达哥拉斯数学及几何学知识，而且将阿契塔包括数论在内的大部分数学成果包括在第8章里。

关于欧几里得数学与毕氏数学的区别，传记作者杨布利柯说："毕达哥拉斯学派的数学，明显异于后世讲求技术而没有任何一种针对美善目标的那些数学，它主要是理论上的，所有定理都朝向一个目标，所有命题都指向美善，并利用定理和命题引导人们走向有益的生存。"欧几里得几何在公元5世纪译成拉丁文，但一直到12世纪初才再次从阿拉伯文译成拉丁文，并因其简朴之美而引起西方数学家的注意，因此，在中世纪之前的漫长世纪里，数学传统仍然还是"毕达哥拉斯式的"。然而，尽管现代数学家仍然坚信古代毕达哥拉斯—柏拉图式的信仰，认为数字之中隐藏着妙不可言的理性，甚至觉得任何不具备美学意义的所谓数学真理都值得疑虑，但严谨的欧几里得几何学终归把守着美的入口，没有这种严谨性，任何充满美与理性的信仰都难以长久。

普罗提诺的"神圣之光"

早期毕达哥拉斯兄弟会在克罗顿和托伦特姆崩溃后，他们的学说和追求因为柏拉图的介绍而在雅典继续发扬光大。

早在公元前 4 世纪，柏拉图学园里已经开始了一种新的毕达哥拉斯学说，柏拉图的两名弟子希伯西帕斯和色诺克拉底斯都曾根据柏拉图晚年形而上学的说教而将这些内容归诸毕达哥拉斯学说，因为此时，毕达哥拉斯距离他们也才不过一百五十年。几个世纪后，约在公元前 1 世纪，毕达哥拉斯学派死灰复燃，断断续续地延烧至整个古代社会、中世纪和文艺复兴时期。毕达哥拉斯已经变身为一种象征，人们已经不太在意历史上真实的毕达哥拉斯本人或他的哲学，但是，他一方面追求数学确证，一方面追求神秘主义灵命安顿的思想传统，却以不同形式在整个西方文明中传承下来。

柏拉图去世不久，新柏拉图主义和新毕达哥拉斯主义以彼此交融、相互重叠的形式慢慢发展起来。罗素认为，新柏拉图主义是连接古代哲学与中世纪思想的桥梁。这个学派由一位名不见经传的萨卡斯所创，但他的学生普罗提诺却是举世皆知的，在很多时候，普罗提诺与新柏拉图主义实际是异名同义。

普罗提诺生于埃及，从学于亚历山大里亚，向往东方神秘主义，随罗马皇帝远征，后试图创立柏拉图式理想国，失败后逃往罗马，创立学校，授徒说教，终于修成正果，成为古希腊哲学的集大成者和终结者，以新柏拉图主义开创了中世纪新思想。由于他的《九章集》是由学生波尔菲里编辑的，而波尔菲里又是明显的毕达哥拉斯信徒，因此，笼罩在普罗提诺头上的神秘主义气氛，跟毕达哥拉斯—柏拉图传统有脱不开的思想联系。

作为新柏拉图主义的实际创立者，普罗提诺依靠柏拉图的对话录建立起一套复杂的精神宇宙系统，由三重基本元素组成：太一、灵智（或奴斯）及灵魂。所有存在都从这三元素创造性的统一中流溢而出。流溢（或发散）并不仅仅是存在的始因，而且还具备沉思能力。在这个系统中，灵智或精神能量可化生万物，正是这样一股沉思默想的精神力量，所有存在才能统一在无处不在的现实之中。在感官知觉与知识的关系中，人的精神在形成或整理感觉对象时起主要作用，而非被动接受感觉材料，这在某种程度上预示了康德"哥白尼革命"和胡塞尔现象学的出现。他还认为，灵魂有高低之分，高的部分是神圣和永恒不变的，为较低的部分提供生命，而较低的部分就是个性以及激情和恶德的来源，这个学说使他不太在意单个人的德行而特别注重灵魂向上攀升而与较高的部分合为一体。

概而论之，普罗提诺的"三位一体"说以及由此引发的伦理观，只不过是对毕达哥拉斯数的世界及柏拉图理念论的重新解释。因为它按照神秘主义方式连通了纯净的理念世界与混乱的可感世界之间的关系，而这正是古希腊哲学人物及派别从米利都的泰勒斯到斯多葛派一直努力却不太成功的哲学尝试。他们的神秘主义哲学起点是太一（the One），而太一本来就是毕达哥拉斯哲学和新毕达哥拉斯哲学都崇尚的数的原则，是有限万物的终极根源。先有太一，之后流出作为纯粹灵智或精神的奴斯，再从中流溢出灵魂，从灵魂中漫溢出有形世界。这个流溢的过程，与灵魂清除欲望而回归原本，达到与太一的融合是双向过程。柏拉图的理念，被他解释成事物纯粹、永恒和绝对的层面，理念的世界超越一切，绝对完美，在它之上，是空无一物的太一，而对于太一，我们人作为可感世界的一部分，实在是无能力说出一二。波尔菲里说，仅仅思考太一都是不可能的，更何况去定义它。它有时候被称为"神"，有时又被称为"善"，它是可感世界的造物主，它是化生万物的道，但是，对其实质，我们无法言说。在这里，我们看到，当斯多葛派将神等同于世界（泛神论）的时候，普罗提诺却以重释理念论的方式强调太一，强调那唯一的意义来源。世界横跨两极，一端是神圣之光，一端是黑暗与失序。光照之下，混乱的物质世界才能产生意义，人的灵魂才能沿着光照的信仰路径找到回家的路。

这个本来不是基督教教义的三一论，与小亚细亚早期教父们的求索不谋而合，经普罗提诺解释的毕达哥拉斯—柏拉图思想，虽然并不是《对话录》中的原样，尽管也披着神秘主义面纱，却为基督教最重要的教义奠定了基础。对于尚在神学成型期的初期基督教，普罗提诺所作的一切，无异于送来了久渴时的甘霖，因为他的这个太一，与基督教的上帝观念只一步之遥。太一创世，却并不再干预世界或人世事务，这个观念在经历了近一千五百年后，才在英国自然神论中得到全面表述。

由于太一（或至高理性）在永恒不断的流溢过程中，人所认知的各个宇宙层次彼此就会连接在一起，各个层面的存在，各个等级的生物，也都通过理性方式连接起来，人通过智性的努力和精神的自律，就有可能实现回归太一。

普罗提诺作为新柏拉图主义哲学家，其成功不仅体现在罗马帝国初期战乱频仍的社会现实中为破解纷乱的信仰困局提供了神学的钥匙，更显见于他对毕达哥拉斯—柏拉图希腊传统的忠实继承中，西方科学与宗教在其发源点上的共生，能够一直持续到我们自己的时代，跟普罗提诺杰出的贡献分不开。

普罗提诺之后，一直以新毕达哥拉斯学派名义持续发展着的毕达哥拉斯思想，慢慢为新柏拉图主义所吸收，或者在共同传承毕达哥拉斯—柏拉图传统的前提下相互影响。虽然普罗提诺本人明显受到新毕达哥拉斯学派的影响，他本人却并非该学派的一部分，因为他在自己的希腊哲学史论中并没有给予毕达哥拉斯哲学以应有地位。但是，他的学生及编著者波尔菲里却在其现已失传的《哲学史》中给予毕达哥拉斯哲学以显著地位，尤其是在专著《毕达哥拉斯传》中。根据这部传记可知，他与当日继续研究数学的新毕达哥拉斯门徒过往密切，但仍然不能肯定他本人就是完全的新毕达哥拉斯学派成员。根据他这些著作的残篇，似乎可以判定，他并不像其他新毕达哥拉斯学派成员那样将希腊哲学来源归于毕达哥拉斯一人，而只是将他列为希腊内外，包括印度、埃及和希伯来先知在内并倡导一种神圣启示哲学的诸贤之一。但这样一种哲学明显起源于毕达哥拉斯—柏拉图传统，因为它倚重柏拉图对理念世界与可感世界之间的区分。波尔菲里认为，毕达哥拉斯的哲学旨在解放心灵，使其脱离肉身的禁锢而贴近圣灵。

波尔菲里的学生杨布利柯是叙利亚的卡尔基斯人，在新柏拉图主义哲学的许多方面与其老师意见相左，他事实上通过十卷本的《论毕达哥拉斯学派》完成了对新柏拉图主义向新毕达哥拉斯学派的系统转化。其核心意义在于，他对毕达哥拉斯生活方式的描绘，是作为对兴起的基督及基督教的一种反拨，也可能意在以毕达哥拉斯而非普罗提诺作为他心目中的哲学家典范。在他笔下，毕达哥拉斯哲学就是神灵的恩赐，而没有神灵的恩赐就无法理解毕氏哲学。毕达哥拉斯本人也就是神灵所派，来人间为众人提供这样的帮助。在新毕达哥拉斯学派成员中，杨布利柯是神化毕达哥拉斯最明显的一位。

最早撰写毕达哥拉斯传记的拉尔修，相对上述两位传记作者来说，较少为人所知，尽管他也有十传本的《希腊哲学家传记》(《毕达哥拉斯传》是第八本)存世。拉尔修的毕达哥拉斯传记较为可靠，内容丰富，并且拿毕达哥拉斯与其他许多哲学家进行极细致的比较。他忠实引述了当时（公元前3世纪初）其他作者对毕达哥拉斯及其学派的评说，显示出相当高的学术水平和客观性，为后世毕达哥拉斯思想的传播立下一个典范。

综上所述，由毕达哥拉斯开创的哲学研究，其中几何的部分在欧几里得这里完成，持续上千年之久。而在灵魂以及灵魂转世的这一面，则由普罗提诺直接融入基督教的教义创立中，持续至今。

第8章

回到毕达哥拉斯：科学与信仰

从托勒密到爱因斯坦

公元 1 世纪前后，新毕达哥拉斯主义已经开始在罗马初次露面，等罗马的势力扩散至整个帝国的时候，毕达哥拉斯主义也随之远播至整个西方世界。在这远隔差不多上千年的时代，毕达哥拉斯的形象已经神化到了完美无缺、无以复加的程度，他主要作为一位灵魂转世大师而非数学大师为人所知。当日罗马最知名的一些思想家如塞涅卡和西塞罗，都是在这个层面看待毕达哥拉斯的。在他们中间，流传着毕达哥拉斯在灵魂转世方面的说教："灵魂与动物皆按固定周期返回，伟大的思想家都是这么看的，所以，为避免抱恨终生，人应当远离肉食，就算没有灵魂转世之说，远离肉食也有益身心控制。"塞涅卡本人就相信这样的说教，曾亲自禁肉一年，直到这样作隐含的崇拜外来宗教的潜在危险迫使他终止。

在文化方面，诗人奥维德和彼德拉克已经把毕达哥拉斯的学说融入创作内容中。灵魂转世的学说，在他们的笔下被描绘得惟妙惟肖，成为差不多每个人思想意识的一部分。关于天体，关于神灵，关于人间的合理生活，层出不穷的思想家以或深或浅的毕达哥拉斯精神反复传扬其学说，他们抬起毕达哥拉斯一样的双眼凝视天空，希望看出自己的灵魂必将回归的那一个处所。

对于人类来说，再自然不过的事情是，千方百计必须得弄清楚自己处在这个宇宙的什么位置，然后确定我们出现在这个世界里的时间和来源。这就是为我们生存的意义提供一份确定性、一种牢靠的感觉，然后为此建立一套相应的伦理系统，按照这个伦理系统指明来世的方向。毕达哥拉斯学派在缺乏系统观测天文数据的理论及器具的情况下，推断出一个包括反地球在内、围绕永恒之火旋转的宇宙系统，这个系统注定会被后来的思想家进一步推向完善。在新毕达哥拉斯主义和新柏拉图主义的门徒搭好天文研究所必需的差不多所有数学与几何的理论基础之后，托勒密是第一位继承这项伟业的人。

公元2世纪末，亚历山大里亚的托勒密显示出对毕达哥拉斯天体和谐说的极大兴趣。他系统学习过声学、音乐理论、光学、地理学和绘图学，注定要来光大毕达哥拉斯天体事业，尽管他并不自认是毕达哥拉斯门徒。最令人惊讶的事实是，他利用丰富的数学知识，广纳前人关于天体的知识，构筑了一个几乎不容置疑的地心说系统，主宰了欧洲近千年的宇宙意识。有资料显示，他写作的《和声学》可能参考过阿契塔的著作，而且他似乎明白，音乐中的和声基于可在声音中表现出来的数学比例，他跟早期毕达哥拉斯门徒一样坚信数学原理支撑着整个宇宙系统，包括天体的运动和人类灵魂的构造。他的这部《和声学》共有九章专论天体和谐，将和声理论应用于行星运动。有趣的是，当公元前3世纪萨摩斯的阿里斯塔库斯构筑起一个太阳中心说的时候，人们就是不肯承认他那个系统的准确性，道理很简单，抬头看天，并不存在他所说的那个样子。而在托勒密的时候，他依据的是"眼见为实"的验证标准，如果看不到实际发生的事情，或如果听不到天体发出来的声音，那就不能胡编理论或学说。正是这个原因，后世的开普勒评论托勒密的时候才会说："托勒密似乎在重温毕达哥拉斯之梦而不是推进哲学。"

托勒密将自己发现的行星系统刻在亚历山大里亚附近坎

诺波斯的一块石碑上，天文学史家史蒂文森根据该石碑铭刻整理出对应钢琴音的天体系统表。

托勒密行星系对音表

恒星	D（比土星高出一个全音阶）
土星	C（比木星高出四分之一）
木星	G（比太阳高出四分之一，比火星高出一个全音阶）
火星	F（比金星和水星高出四分之一）
太阳	D（比金星和水星高出一个全音阶）
金星及水星	C（比月球高出四分之一）
月球	G（比火、气高出四分之一）
火、气	D（比水、土高出一个全音阶）

托勒密《和声学》最关键的部分已经丢失，为了重构最后三章的内容，17 世纪的开普勒苦心钻研，导致他自己最重要的天文学发现。尽管托勒密并不自认是毕达哥拉斯传统的一部分，但在他的《和声学》里，宇宙是理性的、数学关系支撑着自然、将全部创造物约束在一起的那种总体的和谐，却是他最基本的信念。

颠覆托勒密宇宙系统，将地心说扳回至日心说的波兰人哥白尼，他的老师诺瓦拉不仅讲授天文学和占星术，同时是杰出的数学教师。诺瓦拉是新柏拉图派成员，也是哲学家费奇诺在佛罗伦萨创办的研究院里的年轻会员，其新柏拉图主义思想带有明显的毕达哥拉斯思想痕迹。在诺瓦拉看来，托勒密构筑的那种复杂笨拙的行星系统，绝对不可能是宇宙秩序的准确表达，在表面上看起来十分复杂的宇宙现实背后，一定藏有非常简朴的数学与几何原理。这样的想法极大地影响了年轻的哥白尼。

公元前6世纪的毕氏门徒相信，表现在数字中的和谐与简朴模式支撑着整个大自然，这个信念对哥白尼的发现有着重大意义。他在排列太阳系诸星体的位置时，所参考的不是天文学前辈，如公元前3世纪萨摩斯的阿里斯塔库斯，而是新毕达哥拉斯主义和新柏拉图主义历史学家的转述，如西塞罗和普鲁塔克。

哥白尼呈送给教皇保禄三世的《天体运行论》起先也不是这个名字，而是题为《毕达哥拉斯天文学》。他向教皇解释迟送这本著作的原因是，他的考虑跟毕达哥拉斯学派成员一样，所有重大学问都是口耳秘传而不是形诸文字。

以精湛的数学能力和系统准确的天文观测数据确定行星运动三大定律，成为"天空的立法者"，从而给予哥白尼日心说以恒久生命力的，就是这位德国哲学家开普勒。他以神学家开始其事业，却以举世公认的天文学家和数学家闻名。

他一生的成就，最主要的是从多个角度捍卫了他坚信不疑的哥白尼学说。他反击古老的托勒密地心说，他反击持亚里士多德世界观的自然哲学家，他反击第谷"混合系统论"，他甚至扭转了拿哥白尼日心说当作一门计算工具而非必然物理现实的风潮。在他的思想深处，隐藏着最典型的毕达哥拉斯哲学：一方面，他倾心于柏拉图主义，在构造和描绘这个世界的模型时给予几何学以特别地位；另一方面，他又认同亚里士多德在认识论上的因果说，将经验的作用放在科学探索的中心，就如同毕达哥拉斯的门徒研究和声学一样。他的同时代人认为他是占星术士，而他自己则乐于以哲学家自居，因为他确认自己的终极目的是以科学方法揭示宇宙和谐的内在结构。

开普勒在天文学上的成就尽人皆知，可很少有人知道，而立之年的开普勒却出版了一本名为《梦》的科普著作。这部纯幻想作品说的是地球人与月亮人的交往，有对喷气推进、零重力状态、轨道惯性、宇宙服等的想象。人们至今不明白，四百年前的开普勒是如何想象出这些高科技成果的。如果不是毕达哥拉斯门徒的影响，那就只能拿古希腊神话来解释了。

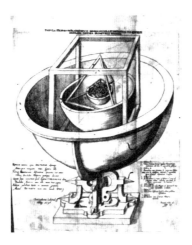

开普勒根据毕达哥拉斯—柏拉图神秘主义数学思想在《神秘的宇宙》里设计的由六颗行星和五个正多面体嵌套而成的宇宙模型

开普勒绞尽脑汁发现了行星的真实运行轨迹，这项改变了天文学历史的伟大发现，基于他刻苦的数学运算，是那些为配上第谷观测数据而变来变去的运算模式，使他将纷乱的观测数据与理想中的天体运行理论综合起来，发现行星系实际的运行轨道不是圆形而是椭圆。反过来，这项天文学的发现，也为笛卡儿的解析几何提供了来自天上的启示。更为重要的是，为何距离太阳的远近会影响诸行星的运行轨迹，开普勒并没有来得及提供足够有说服力的理论，只等几十年后被苹果砸中脑门的牛顿站在开普勒和胡克的肩膀上来进行引力解说了。

从哲学角度看，开普勒自认为《和谐世界》是他最重要的著作。虽然这里面包含着行星第三运动定律，但他认为这部著作要解决的主要不是天文学问题，而是"和谐"概念，即在 1599 年便已蕴藏于胸的一个想法。他要追究和谐的数学基础及其哲学含义，包括占星术、自然哲学和心理学。因此，开普勒第三定律远远超出天文学探索，而是重拾了他年轻时代所写的那本《神秘的宇宙》中的思想主题。他认为有必要区分"可感世界"与"纯粹"的和谐，前者可在诸如乐声或光线等可感自然实体中发现，这些东西彼此形成比例关系，因而可以处在和谐中。在这里，结合亚里士多德的三个范畴——数量、关系及质量，就可以确定这些可感事物。有了关系这个范畴，人的意识（灵魂）就能发挥积极作用。结果发现，假如两个事物可以进行数量上的比较，则这两个事物就可以特征化处在和谐之中，但正是这个事实本身又说明，单独个别的事物自身并不具备和谐特性，而且事物之间的相互关系也不存在于这些事物自身，关系只能是意识的产物。即是说，对不同可感事物进行的比较，只能借助意识中存在的原型才能实现，并产生某种关系的概念。在对可感事物的概念如何在意识中形成的看法上，开普勒赞同柏拉图的回忆说而不是亚里士多德的印象说，这也是后世唯理论与经验主义之争的最早范例。他的这一倾向与其说影响到德国后来的唯心主义，还不如说其自身更是奥古斯丁哲学传统的一部分。

开普勒称毕达哥拉斯是所有哥白尼信徒的"祖师爷"。早在学生时代，他就饱读过古典数学与天文著作，与新毕达哥拉斯—柏拉图派的学者过从甚密，并形成这样一个坚定信念：神创的宇宙必然是深藏的秩序，和谐、简朴与对称的完美表达，无论表面的现象如何复杂和令人困惑。圆满的宇宙设计与构造，其本质绝非空无与混乱，理性的人有责任揭示神的意旨，进而推测出道德层面的类似设计与构造，因此，一神论可确保宇宙、天地、良心的可探查。他在占星术上的哲学态度离毕达哥拉斯最近。他的"运势"观（aspects）是其唯心主义心理学的另一个应用领域，也是几何学在其哲学系统中所起作用的另一证明。所谓"运势"，即行星、月球和太阳之间的角度，都是他希望从古老占星术中挽救出来的有效内容，因为运势或星体角度可简化成几何结构，是灵魂可以辨别出来的原型。照他的看法，天体并不存在可对地球或人类施加确定影响的"机械作用"，倒是地球和人类以及其他所有生物都赋予了几何原型可在其中出现的灵魂。天体中的运势形成后，对称感便会在大地或人类的灵魂中出现并产生刺激作用。他为自己撰写的墓志铭让人听出毕达哥拉斯在远古时代说过的话："我曾测天高，今欲量地深。我的灵魂来自上天，凡俗肉体归于此地。"

如果早期毕达哥拉斯学派透过音乐门缝瞥见天行有常、天行生乐的梦想世界，这道门缝却被开普勒一把推得大开，却原来发现并没有什么天体音乐，天体的谐音并不能为人耳听到，这个美妙的梦想从此之后只能存身于诗歌意象中了。尽管如此，对于有理性、有秩序的世界的信仰，人类的灵魂与这个秩序井然的宇宙之间存在着神秘的内在联系的信仰，却在开普勒极富想象力的天赋和严格的数学论证下，以奇妙的方式传承下来，并在牛顿的万有引力之虹里发出五彩缤纷、光辉灿烂的光芒。

相对一生坎坷、命途多舛的开普勒，牛顿可谓是科学界的幸运儿。伦敦的一场瘟疫使他休学三月，结果在老家乌尔索普自修成为当时世界领先的数学家。他钻研光学，推出匀速圆周运动的数学原理，注意到开普勒定律中行星公转周期的平方与太阳平均距离的立方的反比关系，年仅 24 岁发现微积分，27 岁便获得剑桥三一学院的数学教授教席。到 44 岁时，厚达五百页的《自然哲学的数学原理》出版，使其跻身自然哲学研究的最前沿，并使哥白尼的日心说得到最终确认，近代自然哲学摇身演变为物理科学。他 57 岁出任铸币厂厂长，61 岁时成为皇家学会会长，两年后受封爵位。除开物理学及数学外，他还在六十余年的学术研究中涉及化学及炼金术、神学及《圣经》研究，留下卷帙浩繁的尚未出版的文献和著作。

　　毕达哥拉斯只能把音乐中发现的和谐用推测的方式投射到天体运行的音乐上，而牛顿却用严谨的数学公式将地面物体运动的规律和天体运动的规律统一起来。有了这样的公式，太阳、地球等无法直接测量的天体质量也可以计算出来了，天上人间的一切运动现象，现在全部统一在了牛顿自然哲学的这一伟大发现中。

　　牛顿作为最知名的自然神论者，坚信上帝为最高理性，一切自然规律和人心中的道德法皆出自上帝，神创世界，并任由分有其理性的人和自然各按其规律运行。他发现了神给予可见世界以第一推动力的宏观景象，又倾其毕生精力从事《圣经》研究，留下一百五十余万字的研究手稿，在数十年坚持不断的炼金术与化学研究中，希望找到神创宇宙的微观证据。用他自己的话说："我愿以自然哲学的研究来证明上帝的存在，以便更好地事奉上帝。"有这样的信仰基础，他当然坚定不移地相信这个神创宇宙的和谐与秩序：可观测到的宇宙模式，必然是隐藏不露、神秘却一定存在的某种秩序的可见表达。他在前人基础上总结起来的万有引力学说，对毕达哥拉斯关于宇宙统一与简朴之美的理想构成强有力支持。牛顿跟同时代的科学家有许多相互借鉴的地方，但他认为，万有引力的简单公式，在毕达哥拉斯那里可轻易发现。

在牛顿的巨著中，他列举了包括希腊、希伯来和其他民族的许多古代思想家的例子来说明，他自己的思想与这些远古先哲多么相似。在他看来，重新发现上帝已经启示给先知或其他贤能的知识，远胜于发现任何新事物。他用棱镜将光线分成七彩，而毕达哥拉斯的音阶里共有七个音符。

隔着英吉利海峡的莱布尼茨尽管是牛顿的数学大敌，却赞扬牛顿是"有了人类以来一切重大数学发现的拥有者"。正所谓英雄所见略同，莱布尼茨也对音乐抱有与毕达哥拉斯相似的看法："音乐是人类灵魂在计数却不自知时体验到的那种快乐。"他创立的单子论，是想从另一个角度颂扬这同一位上帝。为避免同一个基督信仰的不同版本出现越来越多的分歧，他甚至幻想用毕达哥拉斯方式建立起一套通用语言。他说："假如'生物'这个词可以想象为用数字2来表达，又用数字3来表达'有理性的'意思，那么，用来表达'人'的这个词，就可以通过2×3即6来表示。"这个想法，后来被罗素和怀特海用在了建立分析哲学的努力中。

毕达哥拉斯去世差不多两千六百年后，一位犹太人出来颠覆了过往所有的物理学、天文学和它们背后差不多所有重要的支撑概念，对于他，现今世界能够说几句有意义的话的人都不多。也许，能够将毕达哥拉斯与爱因斯坦联系起来的几项事实是：他们都是素食者，他们都坚信这个宇宙隐藏着恒久不易的秩序，无论是静止还是运动着的秩序，都赞赏宇宙与自然的简朴之美，都对物质元素有兴趣，一生都经历过不同文化洗礼，都客死异国他乡，都以教书为业，都参与过当地的政治活动，都有对于智慧与知识终生不懈的追求。最后，据可靠历史资料证实，爱因斯坦12岁时便根据三角形相似特性得出又简单又好的一种毕达哥拉斯定理的证法，尽管不是创新的证法（《几何原本》中已经载有这种证法）。爱因斯坦说过：欧几里得几何学中所有的概念和命题，都可以从毕达哥拉斯命题中推出。尽管人们并不同意这样的说法，但它本身说明毕达哥拉斯数学和几何学及相关的推论，都曾是爱因斯坦观念世界的一部分。他还说，我们生活其中的这个世界"可以由音乐的音符组成，也可以由数学的公式组成"，这种由音符和公式组成的世界，就是他的"合理的世界图像"，就是远古的毕达哥拉斯曾经构造过的那个纯净观念的世界。

在关于物质、质量、动量、能量、运动、速度、时间、空间、现象、本质等的一系列基本概念中，没有比爱因斯坦在时间和空间概念上更让人脑袋膨胀爆炸的，生存与人生的意义变得模糊起来，人和世间万物仿佛居无定所的幻影飞速摇晃，在可能是螺旋体的太阳系里奔向没有人知道的未来（假如有一个时间上的未来的话）。空间和时间这样古老的观念，跟运动沾上边便成为不可认识的或根本无法确定的东西了。同样，在微观物质领域里，量子力学也把人引向了经验的深渊。尽管爱因斯坦说"上帝不掷骰子"，可他也不得不接受不确定原理，但他至死仍然坚信，未来的科学发展和测量器具的进步，一定能有办法解决这个测不准问题。他相信："在真理和认识方面，任何以权威者自居的人，必将在上帝的戏笑中垮台！"

毕达哥拉斯的启示

开普勒的同时代人伽利略说："敞开在我们面前的这个宇宙，就是一部自然的巨著，从中可以发现自然科学。"但是，要看懂这部自然巨著，人们得学习看懂它的语言，而这语言便是数学。我们虽然不能确定毕达哥拉斯就是这门特别语言的命名者，即便是他命名的，至少也不是在巴比塔下居心狂傲的那群人原有语言那种意义上的命名，但是，他强调了数学与证明在求证宇宙秩序、美丽纯净的观念世界中的重要性，强调在追求真理的道路上信仰与直观方法的不可缺少，并为数学与人的灵魂归宿高举起两个火把，它们足足照耀了未来将近三千年的人类探索之路。

然而，并非所有人都这样看待数，看待数学与几何所要指向的目标，看待毕达哥拉斯本人和他的那个社团的。罗素认为，毕达哥拉斯的大部分影响都是负面的。他和怀特海在《数学原理》中要构建一种数理逻辑，一切都必须基于人类经验，认为人只能从五官感觉中获取经验，并以合理的方式加以总结，除此之外，任何讨论理想世界的别种方式都没有根据可言。在厚达近九百页的《西方哲学史》里，罗素为毕达哥拉斯专辟一章，并用花巧的语言不仅颠覆了数学当中一些弥足珍贵的信条，而且希望在读者心里彻底摧毁有神论信仰。尽管如此，他还是写道："在思想界，我不知道还有别的任何一位的影响超过他。"怀特海也认为毕达哥拉斯是影响深远的思想家，说毕达哥拉斯是欧洲哲学与数学的基石。

跟别的哲学史家一样，罗素也承认，毕达哥拉斯是第一位拿数学当"演绎论证"手段而非商业及计量工具的人。可他又说，毕达哥拉斯的重要性，体现在他聪明，也体现在他不聪明。说他不聪明，就是指他的神秘主义，并怂恿鼓励柏拉图弄出理念论的荒唐学问。罗素指出，很多科学都起源于错误信念，如天文学源自占星术，化学源自炼金术，数学也一样包含着"更精细而不易被人发觉的"谬误：人们认为数学精准、确定，可应用于现实世界，但专凭思考而不用观察现实世界也可以进行数学研究。他指出毕达哥拉斯学派认为天上有十个实体的那个错误宇宙模型，是没有贯穿感觉经验，没有进行仔细观察而单凭冥思苦想的后果。

他的这个看法，也体现在对柏拉图的诠解中。他说，柏拉图相信，任何追求真理的人都应当摒弃从经验中得来的知识，并视五官感觉为不值得信赖的，甚至是错误的证明。绝对的真、善、美、公正、崇高和"所有事物真正的本性"等，皆只能来自意识自身。尽管柏拉图说过这样的话，但没有任何证据说明毕达哥拉斯或柏拉图之前的毕达哥拉斯门徒说过宇宙的真理仅凭思想就能发现。在罗素看来，毕达哥拉斯的数字观与柏拉图的理念论结为一体，造成了人的思想与精神高于对现实世界直接的感官观察的印象，形成一直延续至今的一项不幸传统，"所导致的那些暗示就是许多错误的形而上学和知识论的根源"。毕达哥拉斯学派的洞见，即认为数字和数量关系支撑着全部自然，不是人创造或发明的这种关系，而只是由人发现的这些关系，在罗素看来是虚幻的看法，而且是人类思想史上重大的悲剧性失误。在这个虚幻的梦想里，数学注定会充满一种"狂热启示的因素"，而启示对罗素来说是全无可能的一个概念，它总是与"错觉"联系在一起。

概而论之，罗素从两个方面责备毕达哥拉斯的负面影响。其一，柏拉图认为有一个理念的世界，人类的感官知觉不一定能感知，却可能为人的精神所理解；其二，数学家要发现数学的真理，而不是发明它。由于数字是永恒的，并不存在于时间之中，因此有可能将数字与数学设想为"上帝的思想"，而柏拉图正是在这层意义上说"上帝是几何学家"的。这样一种源于毕达哥拉斯哲学的"理性"宗教就慢慢主宰了数学和数学方法。但罗素同时也承认，天文学的进步也与此相关，像托勒密、哥白尼和开普勒这些中毒极深的天文学家，也一定要找出天上那些不规则和太过复杂的运动情形的原因，因为完美的几何学家不可能弄出不完美的几何设计。

罗素指出，毕达哥拉斯是第一位使哲学与几何学和数学联系起来的思想家。结果，几何学与数学一直都在对哲学和神学产生影响——"深刻而不幸的"影响。比如，阿奎那本是位神学家，却用到了几何方法来论证上帝存在。"个人宗教得自入迷，神学则源自数学，这两者都可以在毕达哥拉斯那里找到。"数学与神学的联姻污染了宗教哲学，先是希腊的，然后是中世纪的，最后一直污染到康德及以后的宗教哲学。他从柏拉图算起，历数奥古斯丁、阿奎那、笛卡儿、斯宾诺莎和康德，说他们都有将宗教与推理，将"道德理想与对无时间概念的那些东西的逻辑赞美混为一谈"的特征。说他们的共同错误，就在于将对洞见或直觉的信念当作通向知识的路径，而这条路径与分析性的智力过程风马牛不相及。

罗素用一位物理学家约翰·巴罗的用语说，这种"哲学上的神秘主义，使欧洲知识化的神学与亚细亚更直接的神秘主义区分开来。"罗素的这些看法，反映了他那一派称为逻辑分析者的思想倾向，他们声称要"清除数学原理中的毕达哥拉斯哲学"，清除毕达哥拉斯学派中的"神秘主义"和"形而上学混乱"，因为毕达哥拉斯主义不过是"对逻辑的歪曲，从而让数学看上去神秘莫测，把对真实事物的偏见看作现实的真切直观"。罗素认为，只有逻辑才能澄清哲学中的混乱与谬误，否认道德考量是哲学的任务之一，否认哲学可证实或否证宗教教条的真假，"只有逻辑分析才是哲学的唯一要务"。面临无法解答的问题时，逻辑分析者们认为，"追求深刻而确凿的真理时，亦要求人们有一种类似屈服于上帝意旨的虔诚态度。世界是它本来的样子，而不是我们选择它应该所是。朝向事实的时候，屈服是唯一理性的态度，而在理念的世界里，人们没有可以屈服的对象"。

看到这里，我们不禁要下这样的结论：在什么是"发现"什么是"发明"的问题上，罗素的态度模棱两可。不错，世界是它本来的样子，但到底是什么样子，我们可能永远也无法知道。我们只能选择一种，选择对自己最有利的一种。在冷酷的临时事实与诗化的永恒理想之间，选择任何一种都不失为有理性的人。逻辑分析派希望将这样的分析应用到诸如形而上学、认识论、伦理学和政治学说等他们认为最容易出现谬误的领域，认为在一个领域起作用的方式方法，在所有人类生活与学术领域同样会起作用，但正如"事实"所显示的，这样的逻辑分析运用只能是一场失败。将人的一切判断全部基于不带个人特性与个人利益的客观观察与推论上，反倒是比"理念王国"更为虚幻的一个梦想，被压缩成一排数字和一串符号的科学的确可能减少狂热与偏见，但也只能应用在相应学术领域而非人类生活的全部范围——思想的所谓错误、情感的某些失控、时不时的犹豫彷徨，正是活生生的人不可缺少的部分，一言以蔽之，人不是神造的从不出错的冰冷机器。

罗素本人后来却是一位伟大的理想主义者，而这些理想却不是他严守经验主义、归纳推理和科学方法所能够找到的。也许可以说，他关于什么是对、什么是错（伦理与道德判断）的概念是不证自明的。一战期间，他是反战分子，为此蹲过一阵子监狱，面临纳粹威胁时，他又否认和平主义，他一辈子都是法西斯、苏共与上帝信仰的大敌。他反核军备，反越战，如此看来，他实际的生活就基于这种毕达哥拉斯—柏拉图传统之上，而正是在这个基础之上作出的抉择，才使他成为一位值得纪念的学者，而不是他已成明日黄花的数理逻辑。

同为英国人，阿瑟·库斯勒对毕达哥拉斯的评价却高得多。他称公元前 6 世纪是"人类种族的转折点""一个神奇的世纪"。这个世纪出现了佛陀、孔子和老子，在希腊世界还出现了泰勒斯和阿那克西曼德。更为重要的是，那就如同一个乐队突然现身："每位乐手只专注于自己的那一个乐器，对身旁的尖叫充耳不闻。之后就出现了戏剧性的寂静，乐队指挥入场了，指挥棒扬起来，一场混乱变成了和声。这位指挥便是萨摩斯人毕达哥拉斯。"

如此神化毕达哥拉斯的理由，就在于毕达哥拉斯哲学的力量源自"无所不包、整齐划一的特性，它统一了宗教与科学、数学与音乐、医学与宇宙学、身与心、灵与肉，出神入化，洁净澄明"，"宏大的惊奇感与美学的愉悦不再远离理性的运用"。在《梦游者》一书中，库斯勒写到，毕达哥拉斯"对人类思想因而对人类命运的影响，对他而言前无古人，也许后无来者"，因为他的宗教观融入了科学地、哲学地追寻上帝的整体观念中，"宗教入迷与发现之乐融为一体"。在他看来，毕达哥拉斯是一门新宗教哲学的缔造者，因为他"第一次成功地将质转化为量，迈开了人类经验数理化的第一步"。

回首这段离今天并不算太遥远的历史，我们会发现，盲人荷马用《奥德赛》和《伊利亚特》描绘出一个充满血腥、仇杀、爱情、贪婪、混乱、蛮勇、复仇、智慧、荣光的人欲世界，一位披长头发的萨摩斯青年毕达哥拉斯却抬头望天，远离故乡，四海游历，遍寻连通人间与苍天的各样智慧。他作到了，他留下了勾股定理的最早证明，还留下了灵魂转世的宗教，他确立了西方科学与信仰这两根标杆，让西方贤哲奋斗挣扎到今天。

假如历史可以假设，则认识毕达哥拉斯及其学派的伟大意义的最佳办法，莫过于设想西方历史上根本就没有出现过毕达哥拉斯和他建立的那个社团。其结果无非两种：一种是，另一位毕达哥拉斯会站出来作同样的事情；另一种是，西方走向了完全不同的道路，因而西方与东方或地球上其他文明的关系可能完全颠倒。这个比方最近的一个例子是，假如蒸汽机晚五百年发明，又假如互联网晚两百年才出现，这个世界定然会是完全不同的模样。

从泰勒斯直到普罗提诺，希腊哲学历经约九百年的变化，思想家们思考的对象，也从喜怒无常的众神走向对自然世界的探索，最后在一神论的精神家园寻找灵命的归路。回首往事，人们不禁要赞叹，希腊人在追寻万物普遍性的过程中，确实走在了世界前列，用罗素的话说，这个探寻普遍性的希腊精神，实际就是"塑造了西方世界"，它是西方文明最基本的特征。然而，走在前面，并不代表它就一定能够找到。摒弃罗素本人的无神论倾向，我们会发现希腊哲学寻求确定性的精神伦理，以及广泛意义上的整个西方自然科学的轮廓，无时无刻不与相对立的另一个传统相生相死，不离左右，那就是潜藏于它的各个重要发展时期的神秘主义精神，这个科学与信仰对立统一、互为因果的文化模式，就是毕达哥拉斯开创的精神事业。正是毕达哥拉斯哲学的这一显著特征，后世的哲学都被人们从某种程度上看作对毕达哥拉斯阐明的那个神圣启示的进一步完善，后世伟大的哲学家、思想家，尤其是柏拉图等，往往都会追溯至毕达哥拉斯。

我们今天的哲学研究，至少在 20 世纪中期以前，仍然没有脱离一个简单的模式：思想家们笼统地猜测万物的起源及物质的本性，猜测人的世界和物的宇宙的总体构成模式，确定人在其中的地位及人的本质，最后得出人的道德规范。然而，各门具体的自然科学走得越是深远，人类反倒越是迷惑起来，我们的理论、方法和器具越是提供越来越高的清晰度，我们的心灵之眼反倒是陷入越来越浓重的迷茫与黑暗。射电望远镜和其他探测宇宙时空的器具和理论，已经让我们看到数百万光年之远的宇宙深处，或者看到几乎不可能再细微的物质结构，我们一会儿感觉差不多就要发现"上帝粒子"了，过一会儿却发现被康德称为"物自体"的东西离我们还有十万八千里之遥。人会感觉自己像骑在跛子肩上的盲人，折腾了半天却还在井底转圈。这个世界充满奥秘的事情无计其数，包括玛雅文明、亚特兰提斯文明、百慕大三角等，只要还有神秘之处，就会吸引无数人投身其中。

这样的感觉或矛盾，不自今天始，可以说，远在毕达哥拉斯的时代以前就早早地在那里了。毕达哥拉斯的伟大或过人之处，他之所以被称为"第一位哲学家"，不在他最早证明什么定理，而在于他在数学研究之初便赋予它的价值与意义。他的数学研究不是针对无生命的数学概念或几何图形，而是它们背后充满目的、意义和价值的永恒世界，那个充满神性、使人的精神最终超越肉身的束缚而回归神性的伟大理想。今天，我们差不多可以说，几乎各个门类的自然科学，皆起源于哲学家和思想家的道德探索，最终还是要服务于并回到这个原初的目的，在这方面，毕达哥拉斯率先垂范。这跟我们今天听闻毕达哥拉斯这个名字总体的感觉是一致的。

首先，当然，就是以他的名字命名的那道数学定理。这个定理的意义在于，他最早开始使用公理和演绎证明方法求索普遍概念，寻找对于事物的理解和人生意义的确定性，因此而对后世像柏拉图和欧几里得等思想家产生巨大影响。最基本的数学原理，即不具面积的点，不具宽度的线，不具厚度的面，不具尺寸的体，无限可分的计量单位，从此之后成为数学研究中的公认客体，即理性实体，而不再是可数可触、千差万别的具体事物。

其次，而且更重要的是，毕达哥拉斯和他的门徒主要还是神秘主义思想家，对他们来说，数学和其他学科都只是追求精神生活的工具，他们对天文学的兴趣也基于这样的目的。在这样的意义上，他发明了"哲学"和"数学"这两个学科的名称，发现和谐音程基于简单的整数之比，使他对整数及神秘主义数字命理学的极大兴趣，得出数字主宰宇宙的结论。他和他的门徒推动的数学与哲学的黄金时代，一直到文艺复兴时期才结束。

对于西方的很多人来说，毕达哥拉斯的名字更多地与他的宗教生活与种种禁忌联系在一起。毕达哥拉斯游历他乡，深通各样的宗教仪礼，他最初在克罗顿安顿下来，并不是以深奥的数学知识打通异乡人心，而是他在宗教知识与灵魂安顿方面的真切关怀聚拢人心的。当这样的来世希望与现世中人们对身体健康的关注结合在一起的时候，素食、敬神、禁欲等虔敬行为便是自然而然的事情了。他的许多禁忌因为隔我们年代久远已无从追究其原因，但是，另外一些则是有明显道理的。比如，禁食豆子被认为是奇怪的事情，但如果我们知道圆形的豆子古代是指代睾丸，因而也转指性生活的时候，我们明白那不过是劝导人们节制房事的真诚建议。又比如，豆子吃多了会胀气，而克罗顿人极可能跟古代中国人一样，认为生命的能量包括很大一部分气，精气相通，气少则命短，因此，少吃豆子也是养生蓄精的手段之一。

最后，他创立的社团组织，使他的追求能够贯穿下去，宗教信仰与数理追求彼此结合，一直延续数百年之久，这真是人类历史上罕见的成功组织。在这样一个生命力旺盛的社团里，人的道德实践与人生意义的追求，总是跟灵命的安顿紧密结合在一起的。若无灵命的安顿，那些数学命理又有何意义可言呢？换言之，宇宙理性与神的存在同属一个宗教哲学问题，人的追求只能在这两层意义上才算是智慧的。正是这个原因，才有人建议将毕达哥拉斯定理制成光束射向外太空，希望其他星球上的理性生命能够接受到人类发出的智慧信号，意识到我们这个冷漠的星球上也存在理性生命。

人类的渺小，只能用银河系之大来观照比较贴切。地球所在的太阳系，其中心太阳位于银河一个支臂猎户臂上，至银河中心的距离大约是 26000 光年。银河是太阳系所在的恒星系统，包括 1200 亿颗恒星和大量星团、星云，还有各种类型的星际气体和星际尘埃，直径约为 100000 多光年，中心厚度约为 12000 光年，总质量是太阳质量的 1400 亿倍。银河系是一个旋涡星系，具有旋涡结构，即有一个银心和四个旋臂，旋臂相距 4500 光年。就算这些数据是真理，银河系外连同银河系一同奔驰的系外宇宙，让我们如何对作为所谓理性动物的自身寄予那么崇高的信心？在这样的所谓理性能力面前，我们对信仰说什么？

然而，早在近三千年前，毕达哥拉斯就已经用另一重来自直觉的眼光来审视这同一片天空，为安顿他的同时代人，他提供了人死后灵魂归宿的另一幅更为乐观的前景，并创立了一种新的生活方式，以律己、禁食以及宗教礼仪为进入这样的灵魂重生作好准备。

假如只能用两个词来描述毕达哥拉斯，那么，数（numbers）与灵魂转世（metempsychosis）可能是最佳选择，前者易于理解，后者却不是人人都同意的，因为这涉及众多宗教哲学问题。关于人的本质、灵魂、来世、上帝等，都基于理性尽头的信仰，而信仰又是一个全然属于个人选择的事情。让我们以《海子故事》中的一节作为本篇结语吧：

> 你们的世界，原来是造物的世界，那里有数不尽美丽的事物，有万千造化的结晶，甚至包括生翅膀的昆虫。
>
> 盛夏来临，你看到一只美丽蝴蝶，它伸展开的翅膀，不过是人眼的距离，歇在晨露上，在晨露的晶莹剔透上，没有动，或微微动，这些，都在你的视线以内。
>
> 还有百万大军的蝴蝶。你听说过蝴蝶海的故事

吗？蝴蝶的爱情，蝴蝶的忧愁，蝴蝶似有似无目的地来回，在微风中翻飞，在晨曦中扑扇，这些，也在你们眼里。

可是，蝴蝶的隐秘内心却会逃开你们的眼。蝴蝶的生命故事，却会逃开你们的眼。

严冬来临，一条缓缓爬动的毛毛虫，一天一天进入冬眠，你肉眼看去，它与死了无异。

可是，大地回暖，还有其他一系列的变化，毛毛虫披上优美外形和独特的斑斓色彩。在接下来的变化中，一只极其漂亮的蝴蝶便飞动起来，展示其微型生命的万般奇妙，它已经不是先前那条丑陋的毛毛虫了。

一切皆变，时光不居。

从蛰伏的毛毛虫，到翩翩起舞的美丽蝴蝶，从一只丑陋的蛹虫幻化出来的，却是我们眼中美丽无比的蝴蝶。你若问，那看上去如此不同的蛹和蝴蝶，到底是不是同一个存在呢？

存在的意识、复活的奇妙，生命是否轮回，我的国的模样与光景，你们想吧。

我要说，相信我们在来生存在，处在更好的状态和外形里，并不比相信一条蠕虫离开粪堆飞上天空变成蝴蝶更加困难。

如果蛹虫化蝶的轮回故事能够在我们眼前展开，在我的国里，人的生命难道不是同样的故事？

蝴蝶的故事，就是生命的童话，也是死亡的童话。

蝴蝶的轮回与童话的生死，引导我们走向别处。

附录

年　谱

　　毕达哥拉斯是属于秘密结社性质的社团领袖，因宗教原因而不得以文字形式记录社团活动，因此他本人没有著作存世，同时代人也没有关于他的行迹纪录，其生平大多是百年乃至数百年后世人根据传闻记录而成，因此没有准确的年谱资料。下面提供的，是学者整理出来的关于毕达哥拉斯的一些资料来源的纪年。由该信息可知，最详细、最全面因此也最有影响力的毕达哥拉斯生平及思想是公元3世纪才出现的，此时距离他去世已经约八百年。

　　公元前约570年　出生于萨摩斯。

　　公元前约545~535年　游历埃及、巴比伦（可能远至波斯及印度）。

　　公元前约533年　被僭主波吕克利特赶出萨摩斯。

　　公元前约532年　前往克罗顿。

　　公元前约500年　死于克罗顿或托伦特姆。

关于毕达哥拉斯的资料来源纪年表

杨布利柯（约 245~325）《毕达哥拉斯生平》(现存)

波尔菲里（234~ 约 305）《毕达哥拉斯传》(现存)

第欧根尼·拉尔修（约 200~250）《毕达哥拉斯传》(现存)

塞斯塔斯·恩披里克（约 200）（在另种著作中有对毕达哥拉斯哲学的小结)

尼柯马克（约 50~150）《算学入门》(现存)、《毕达哥拉斯传》(片段收入杨布利柯等人写的传记中)

迪亚纳的波罗尼乌（卒于约 97）《毕达哥拉斯传》(片段收入杨布利柯等人写的传记中)

加迪斯的莫德拉特（50~100）《毕达哥拉斯学派讲演录》(片段收入波尔菲里写的传记中)

埃修斯（1 世纪）《哲学家的意见》(由 H.Diels 根据伪普鲁塔克作品重构)

伪造的毕达哥拉斯文本 （自公元前 300 年便开始出现，最常见于公元前 1 世纪)

亚历山大·波利希斯多 （生于公元前 105）拉尔修引述过其所著《毕达哥拉斯回忆录》章节)

参考书目

1.［英］伯特兰·罗素著，崔权醴译：《西方的智慧》（插图本），文化艺术出版社，2005 年。

2.［英］伯特兰·罗素著，何兆武、李约瑟译：《西方哲学史》，商务印书馆，2002 年。

3.［英］伯特兰·罗素著，张金言译：《人类的知识》，商务印书馆，2001 年。

4.［英］约翰·D·巴罗著，陆栋译：《大自然的常数：从开端到终点》，上海译文出版社，2006 年。

5.［美］理查德·曼凯维奇著，冯速、马晶、冯丁妮译：《数学的故事》，海南出版社，2002 年。

6.［法］伏尔泰著，王燕生译：《哲学辞典》，商务印书馆，1997 年。

7.［德］古斯塔夫·斯威布著，楚图南译：《希腊的神话和传说》，人民文学出版社，1984 年。

8.［美］雅·布伦诺斯基著，李斯译：《科学进化史》，海南出版社，2002 年。

9.［德］库萨的尼古拉著，尹大贻、朱新民译：《论有学识的无知》，商务印书馆，1997 年。

10.[德]G.弗雷格著,王路译:《算术基础》,商务印书馆,2001年。

11.[德]黑格尔著,王造时译:《历史哲学》,上海书店出版社,1999年。

12.[德]尼采著,周国平译:《希腊悲剧时代的哲学》,商务印书馆,1994年。

13.[美]威尔·杜兰特著,梁春译:《哲学简史》,中国友谊出版公司,2004年。

14.[美]迈尔威利·斯图沃德编,周伟驰、胡自信、吴增定译:《当代西方宗教哲学》,北京大学出版社,2001年。

15.北京大学哲学系外国哲学史教研室编译:《西方哲学原著选读》,商务印书馆,1999年。

16.张志伟编:《西方哲学史》,中国人民大学出版社,2002年。

17.陈荷清、孙世雄:《人类对时间和空间本质的探讨》,河南人民出版社,1985年。

18.Paul Strathern.*Pythagoras and His Theorem:The Big Idea*.ArrowBooks.1997.

19.Kitty Ferguson.*The Music of Pythagoras*.Walker& Company.2008.

20.John McKay et al.*A History of World Societies*.Houghton Mifflin Company.1988.